Nürnberger WeinLeseBuch

Walter Gebhardt

Nürnberger WeinLeseBuch

Eine historische Verkostung in 13 Proben

Spätlese Verlag Nürnberg

© SPÄTLESE VERLAG
Erna Hofmann
Nürnberg

Umschlaggestaltung: Peter Engel
Lithos und Druck: Emmy Riedel GmbH, Gunzenhausen
Bindearbeiten: Oldenbourg Buchmanufaktur GmbH, Monheim

Nürnberg 2002

ISBN 3-924461-22-8

Inhalt

7	Vorlese
9	Pegnitztröpfchen: Der Weinanbau
15	Maß oder Seidel: Der Weinkonsum
22	Vom Weisen zum Esel: Die Weinwirtschaften
39	„Volle Manns- und Weibspersonen": Der Weinmissbrauch
44	Wein schafft Arbeit: Städtische Weinberufe
50	Erst zahlen, dann trinken: Ungeld und Verbrauchsrechnungen
64	Langer Donnerstag: Der Weinmarkt
71	Nicht nur „Pfeffersäcke": Der Weinhandel
90	Malvasier, Franken und Hunnischer: Die Weinsorten
96	Ein Fass ohne Boden: Erlaubte Zusätze und Weinfälschung
105	Preisfrage: Was kostet der Wein?
115	Feuchtfröhlich: Das Urbanreiten
117	Manche mögen's heiß: Der Nürnberger Glühwein
133	Nachlese
137	Zum Weiterlesen: Die Anmerkungen
147	Abbildungsnachweis
148	Dank

Vorlese

> Weinlesen macht nicht betrunkener als Büchertrinken belesener macht.
> (Elke Heidenreich)

Das Thema Essen und Trinken hat Konjunktur. Von Produkten aus der Region zu den Küchen ferner Länder, von Gesundem bis zu Erlesenem – multimedial werden wir bei unserem kulinarischen Höhenflug angeleitet. Nürnberg wartet traditionell mit seinen Lebkuchen und Bratwürsten auf; die beiden seit dem Mittelalter geschätzten Spezialitäten prägen (nolens volens) gar das Image der Stadt. Ihr – verblassender – Ruf als Biermetropole währt erst gut hundert Jahre; immerhin stand Nürnberg um 1880 kurzfristig an der Spitze des bayerischen Bierexports.

Der Wein ist weitgehend unverdächtig, zum Ruhme der mittelfränkischen Halbmillionenstadt beigetragen zu haben. Wie sollte er auch, fragt man sich aus heutiger Sicht. Zwar leben hier – wie allerorten – Liebhaber des Rebensafts, natürlich gibt es Vinotheken und manch spezialisierte Gaststätte, die sich ihrer annehmen. Indes – kann das Grund genug sein, ein Buch der Beziehung Nürnbergs zum Wein zu widmen? Denkbar allenfalls in Form eines Einkaufs- oder Restaurant-Ratgebers. So nützlich solche Führer auch sein mögen, hier wird ein anderes Ziel verfolgt: Das Klischee der ‚önologischen Diaspora' Nürnberg soll korrigiert werden.

Ich lade Sie deshalb ein, mit mir Streifzüge durch sieben Jahrhunderte Nürnberger Weingeschichte zu unternehmen. Wir werden dabei auf eine von Mineralwasser, Limonaden und Fruchtsäften gänzlich unberührte Alltagswelt stoßen, in der erstaunlich viele Spuren zum Wein führen. Bereits die ersten erhaltenen reichsstädtischen Satzungen beschäftigen sich ungleich detaillierter mit ihm denn mit Bier. Wir werden in den Nürnberger Eigenbau hineinschmecken (müssen) und uns unter die Gästeschar der Weinschenken mischen. Wieviel Wein wurde eigentlich konsumiert – und im Vergleich dazu vom Konkurrenzprodukt Bier? Angesichts der eindrucksvollen Mengen kommen wir nicht umhin, dem ‚übermäßigen Trinken' ein eigenes Kapitel zu widmen. Wir lernen Nürnberger Winzer kennen und städtische Bedienstete, denen die Überwachung der Weinversorgung oblag. Denn das Stadtsäckel füllten nicht zuletzt die ungeliebten Eintreiber der Getränkesteuer. Unser Rundgang über den Weinmarkt lässt uns dessen wahre Ausmaße erkennen. Sein Angebot umfasste alle damals bekannten Sorten; wir müssen uns daran wagen, sie ohne Degustation zu beschreiben. Skandale um das nicht immer edle Getränk erregen auch heute noch die Gemüter, doch hielten Weinfälschungen die Menschen jahrhundertelang in Atem. Wir werden sehen, welch entscheidende Rolle gerade der Reichsstadt Nürnberg bei deren Bekämpfung zukam. Kurz: Es soll einer vergessenen Liebe – die der Nürnberger zum Rebensaft – gedacht werden. Dabei brauchen wir keineswegs in der Vergangenheit zu verharren. Auch in unserer Zeit lassen sich viel innigere Verflechtungen entdecken als der erste flüchtige Blick wahrzunehmen vermag. Lassen Sie sich überraschen!

Pegnitztröpfchen: Der Weinanbau

> Da sprachen die Bäume zum Weinstock:
> Komm du und sei unser König!
> Richter 9, 12

Nicht immer kam Frankenwein aus der Region Franken. Verfolgt man seine Spuren bis ins frühe Mittelalter zurück, wird er zum Mitbringsel des am Niederrhein gebürtigen Stammes der Franken. Sie eroberten im Westen das heutige Frankreich und expandierten seit dem 6. Jahrhundert auch nach Osten – ins heutige Franken. Unser landläufiger Begriff „Frankenwein" als „Wein aus Franken" weitet sich so um die Bedeutungsfacette „Wein der Franken", die ihn als Ableger des Rheinweins mitbrachten. Die fränkischen Kolonisten förderten die Christianisierung der Region. In ihrem Gefolge wurden im 8. Jahrhundert die ersten Rebstöcke am Main gepflanzt, da der Anbau an Ort und Stelle den mühsamen Transport des Messweins ersparte. Der Weinbau wurde nicht zuletzt von den Klöstern betrieben, die bei der Kultivierung des Landes vielfach Pionierarbeiten übernahmen. Im 11. Jahrhundert mehrten sich die Klostergründungen, die der Kirche immer mehr Weinbergsschenkungen bescherten. So ging die Ausbreitung des Christentums mit der Ausweitung der Rebflächen Hand in Hand, bis sie schließlich im unterfränkischen Raum in zusammenhängende Kulturen mündete. Bischöfe und Klöster, aber auch der Adel förderten als Grundherren aus verständlichen Gründen den Anbau, stiegen doch ihre Einnahmen aus dem Weinzehnten proportional zur bebauten Fläche. Auch bürgerliche Stiftungen traten als Grundherren auf. So geht das Würzburger Bürgerspital als eines der traditionsreichsten Weingüter Deutschlands auf eine Stiftung aus dem Jahr 1319 zurück, die in der Folgezeit durch zahlreiche Weinbergsschenkungen vermehrt wurde.

Um 1400 soll sich das Rebland bis in die klimatisch benachteiligten Zonen Frankens vorgeschoben haben.[1] Dies deckt sich mit den ersten Erwähnungen des Weinbaus in Nürnberg. Hatte König Friedrich II. in seinem sogenannten Großen Freiheitsbrief von 1219 die Verleihung des Reichsstadtstatus noch damit begründet, dass die Stadt *vor andern sonderbarer Gnaden würdig und bedürftig sein, dieweil sie keinen Weinbau und kein schiffreich Wasser hab, sondern auf einem rauhen, unfruchtbaren Boden liege*[2], so wurde 1387 ein Weingarten vor dem Neuen Tor, 1394 einer vor dem Tiergärtnertor genannt. In dieser Zeit wurden offenbar bereits so viele Rebzeilen gepflanzt, dass der Rat begann, um seinen Waldbestand zu fürchten: 1392 wurde die Verwendung von Eichen, Föhren, Fichten und Tannen als Weinbergspfähle untersagt, nur *klobholtz* blieb zugelassen. Aus der gleichen Zeit stammt eine Verordnung über den Schutz der Weingärten vor und innerhalb der Stadt, die Beschädigungen sowie das Betreten zu Pferde und zu Fuß unter Strafe stellte.[3] Wir dürfen daraus schließen, dass sich um 1400 eine gewisse Anbaukultur herausgebildet hatte. Das offenbart auch ein Blick in das zu jener Zeit geführte Hausbuch der Mendelschen Zwölfbrüderstiftung: Zu den darin porträtierten Nürnberger Handwerkern, die hier ihren Lebensabend verbrachten, zählten drei Weingärtner.[4] Auch der Brauch des Urbanreitens, bei dem der Weinheilige um günstige Witterung für das Gedeihen der Re-

In seiner 1698 erschienenen „Abbildung der Gemein-Nützlichen Hauptstände" zeigt der Nürnberger Kupferstecher und Verleger Christoff Weigel Winzer bei der Weinlese.

ben angerufen wird, wurde in Nürnberg sicher nicht ohne Grund gepflegt. Wie die früheren Winzer bei einer ihrer zentralen Verrichtungen – der Traubenlese – zu Werke gegangen sind, mag eine hübsche Szene des Nürnberger Kupferstechers und Verlegers Christoff Weigel aus seiner 1698 erschienenen „Abbildung der Gemein-Nützlichen Hauptstände" demonstrieren.

Im 15. Jahrhundert durchzogen entlang der Pegnitz Weingärten das heutige Stadtgebiet. Leider besitzen wir keine genauen Kenntnisse über den tatsächlichen Umfang der Anbaufläche, da keine systematische Auflistung der Äcker existiert. Unser Wissen resultiert aus zufälligen Erwähnungen quasi nebenbei – etwa im Zuge von Grenzstreitigkeiten oder bei Kaufverträgen. Dadurch gesichert ist immerhin: Von Schniegling über St. Johannis (am Wiboldbrunnen bei der Reutersbrunnenstraße und am Abhang der Johannisstraße zur Hallerwiese), in Wöhrd (an einem 1552 abgetragenen Hügel), an den Hängen des Rechenbergs bis nach Laufamholz wuchs Wein.[5] Als 1533 der Künschrottenberg (heute Platnersberg) an Lorenz Stauber überging, ließ der neue Eigentümer Gebüsch und Gehölz beseitigen und dafür einen Weinberg anlegen, der immerhin 150 Jahre bestehen blieb.[6] Linker Hand des Laufer Tors sowie unterhalb der Burg befanden sich Rebkulturen. Zur Berühmtheit gelangten die im Auftrag Kaiser Friedrichs III. unterhalb der Burg zur Stadtseite hin auf Pfeilern und Gewölben angelegten „Hängenden Gärten". Auf den mit Erde bedeckten Terrassen wuchsen Bäume und Wein.[7] Die Gegend nördlich des Ölbergs hieß nach einem 1559 gepflanzten, bald jedoch wieder eingegangenen Rebhang „beim Weinberg".[8] Dass sich diese jungen Rebstöcke nicht mehr recht entwickeln wollten, dürfte eine Folge der um 1570 einsetzenden „Kleinen Eiszeit" sein, die besonders die Herbsttemperaturen auf ein deutlich geringeres Niveau als zuvor (und auch als heute) fallen ließ. Der Weinbau begann sich auf das heutige „Weinfranken" zurückzuziehen; die Verwüstungen des Dreißigjährigen Krieges machten den unattraktiv gewordenen Weingärten schließlich den Garaus. Von 1560 bis 1650, also in nur neunzig Jahren, reduzierte sich die Anbaufläche in Franken von etwa 40.000 ha auf etwa 6.000 ha, was in etwa der heutigen Ausdehnung entspricht. An die ehemalige Nutzung erinnern nur mehr zahlreiche alte Flurnamen wie Weinberg und Weinleite. Auch Ortsnamen aus dem Nürnberger Umland wie Weinzierlein (bei Zirndorf), Weinhof (bei Altdorf) und Großweingarten (bei Spalt) lassen hiesige önologische Bemühungen noch erkennen. In Nürnberg wurde der Weinbau nach dem Dreißigjährigen Krieg offiziell nicht mehr versucht.

Im privaten Rahmen gab und gibt es immer wieder Unerschrockene, die sich ihren lokalen Haustrunk selbst bereiten. In den siebziger und achtziger Jahren erlangte der damalige Hausmeister des Germanischen Nationalmuseums Martin Munkert mit seiner im ehemaligen kleinen Klosterhof (sog. Friedhof) angebauten „Marienzeller Kloster Auslese" sogar einen gewissen Bekanntheitsgrad. Bei seinem „Weingut" lag alles in einer Hand: Die sieben Rebstöcke unbekannter Rotweinsorten hatte Munkert selbst

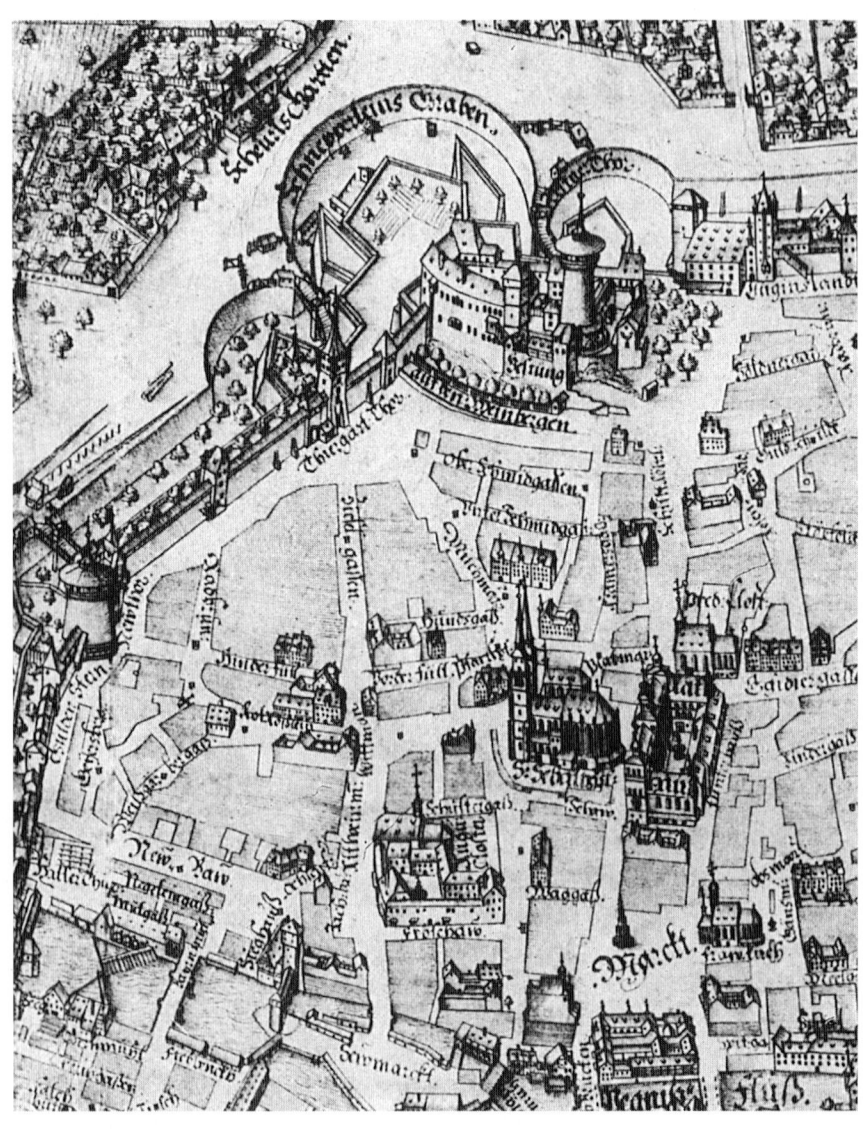

Kartographie und Weinbau in Nürnberg überschnitten sich zeitlich kaum. Eines der raren Zeugnisse stammt aus dem Jahr 1625. Hans Bien bezeichnet in seinem sorgfältig gearbeiteten Plan den Weg unterhalb der Kaiserburg *auf den Weinbergen*. Heute heißt die Gegend dort „Am Ölberg", aber noch um 1800 war sie unter dem Flurnamen „beim Weinberg" bekannt.

gepflanzt, ihm oblag die Pflege, die Lese, der Ausbau, die Abfüllung in (jährlich etwa 30) Literflaschen, die Gestaltung des handgemalten Etiketts – und weitgehend wohl auch der Trinkgenuss. In weiser Selbstbescheidung bezeichnete er die Ergebnisse seiner Anstrengungen „nicht gerade als Jahrhundertjahrgänge". Sein eigenwilliger Ausbaustil, bei dem Munkert den mangelnden Extraktgehalt der roten Trauben durch viel Zucker und vermutlich auch Aufspriten zum likörartigen Getränk wettzumachen suchte, rief äußerst unterschiedliche Werturteile hervor. Die Einschätzungen reichten von großer Begeisterung bis zu ungenießbar. Einig war man sich freilich, dass die „Auslese" nur in geringen Dosen folgenlos verträglich war.

Das war früher kaum anders: Große Nürnberger Jahrgänge blieben immer rar und deshalb umso länger in Erinnerung. Eine Chronik aus dem 17. Jahrhundert fand die etwa 200 Jahre zurückliegende reiche Lese von

In seiner Anfang des 17. Jahrhunderts entstandenen Chronik hebt Wolf Neubauer d.J. besonders die im guten wie im schlechten Sinne herausragenden Weinjahre hervor. Das verwundert insofern kaum, als der Verfasser eine Weinwirtschaft in der Oberen Wörthstraße besaß. Hier schwärmt er von dem wonnevollen Jahrgang 1484, der solchen Vorrat bescherte, dass die Fässer ausgingen und ein Eimer Wein für ein Ei zu erhalten war.

1484 noch erwähnenswert.⁹ Die Herausstellung gerade dieses Jahrgangs verwundert ein wenig, denn der 1484er gilt in Franken zwar als ordentlich, keineswegs aber als außergewöhnlich. Der so genannte „Jahrtausendwein" reifte erst zwei Generationen später heran: 1540 hatte am 1. Februar eine Hitzewelle eingesetzt, die in einen so heißen Sommer mündete, *dass an manchen Orten mehr Wein als Wasser war.*¹⁰ Die Weinbauern begannen bereits im August mit der Lese. Da sie dabei die vertrockneten Trauben hängen ließen und diese durch späteren Regen wieder aufquollen, konnten sie eine zweite Ernte einfahren, die noch feiner geriet als die erste.

Den Kundenkreis der Nürnberger Tropfen werden wir wohl in den ärmeren Schichten suchen müssen. Für sie stellte der billige Nürnberger ‚Landwein' eine noch erschwingliche Alternative gegenüber dem preisgünstigeren Bier dar. Nachdem sich spätestens mit dem Dreißigjährigen Krieg der Gerstensaft zunehmend als Getränk des einfachen Volkes durchgesetzt hatte, wurden vielfach vorher mit Reben bepflanzte Flächen – z. B. im Spalter Land – mit Hopfen bestückt.

Frantz Weingartman, der 77. Bruder der Mendelschen Zwölfbrüderstiftung übte den Beruf des Winzers in Nürnberg aus. In dem etwa 1425 entstandenen Porträt deuten drei Rebstöcke, die er mit der Sichel bearbeitet, seinen Weingarten an. Ein Flechtzaun umschließt das Gelände.

Maß oder Seidel: Der Weinkonsum

> Wein ist unter den Getränken das nützlichste,
> unter den Arzneien die schmackhafteste,
> unter den Nahrungsmitteln das angenehmste.
> (Plutarch)

Die Nutzung jedes noch irgend geeigneten Fleckchens Erde zum Weinbau kommt nicht von ungefähr. Dem mittelalterlichen Menschen stand die Palette an Getränken, aus der wir heute auswählen können, nicht zur Verfügung. Tee und Kaffee waren noch unbekannt, Milch wurde kaum getrunken und Wasser war in Städten schmutzig und hygienisch bedenklich. Hans Sachs läßt Bacchus in seinem „Kampfgespräch zwischen Wasser und Wein" den Unterschied so umschreiben: *Du must aller Raynigkeyt darbn. / Ich bin grün und gelblicht von farbn*[11]. Mithin blieben, um den Durst zu stillen, nur Wein und Bier bzw. deren mit Wasser verdünnte Schorlen. Dabei betätigte sich der Alkohol als Killer gesundheitsschädlicher Keime – mit dem angenehmen Nebeneffekt, gleichzeitig die Stimmung anzuheben. Das jeweilige Quantum der beiden Volksgetränke war von zahlreichen Faktoren abhängig. Naturgemäß lag der Weinverbrauch in den besseren Anbaugebieten höher. Zur leichteren Verfügbarkeit gesellte sich dort der günstigere Preis, der die Differenz zum grundsätzlich niedrigeren Bierpreis verringerte. Der Wein galt auch damals schon als das von der Gesellschaft mit besonderen Weihen versehene Getränk, was sich schon aus seiner Bedeutung in der christlichen Eucharistie erklärt. Bei Festen war er unabdingbar und als Geschenk zumindest in wohlhabenden Häusern verbreitet. Der abschließende gemeinsame Trunk hatte bei Rechtsgeschäften und wichtigen Vereinbarungen gleichsam rechtsetzende Kraft („Weinkauf").[12] Für die allgemeine Wertschätzung spricht auch die Verhängung von „Weinstrafen" statt Geldbußen bei minderschweren Delikten.[13] Zudem setzte die traditionelle Medizin Wein als vielfältiges Heilmittel ein. Seine gesundheitliche Wirkung spielte in Nürnberg sogar noch vor etwa hundert Jahren eine bedeutsame Rolle: Der „Verein für Krankenpflege", der die Betreuung bedürftiger Kranker auf seine Fahnen geheftet hatte, bedankte sich in seinen Jahresberichten regelmäßig bei der Weingroßhandlung Müller für die Stiftung des zur Genesung benötigten Weins. Gegenwärtig erleben wir mit der Besinnung auf naturmedizinische Behandlungsmethoden eine Art Renaissance der vornaturwissenschaftlichen Weisheit, wie sie sich z. B. in den durch zahlreiche Studien gestützten Empfehlungen zum mäßigen, aber regelmäßigen Weingenuss zur Vorbeugung gegen Gefäß- und Krebserkrankungen äußert. Erst in der vom Wohlstand geprägten Gegenwart steht das Zusammenspiel von Rebsorten, Terroir und kellertechnischer Behandlung im Vordergrund. Es läßt eine alle Jahre wieder neu abgemischte sensorische Spielwiese entstehen, durch die sich der Feinschmecker endlos degustierend bewegen kann. Zahlungskräftige Investoren kaufen nicht nur Spitzengewächse als Spekulationsobjekte, sondern gleich ganze Topbetriebe mit Personal und zugehörigen Ländereien. So ist der Stellenwert des Weines als edelstes Getränk bis in unsere Zeit ungebrochen. Als Alltagsgetränk hat der ganz besondere Saft indessen hier zu Lande fast ausgespielt, diese Rolle kommt ihm nur mehr in den südlichen Anbauländern zu.

Blick in den Weinkeller des Landauerschen Zwölfbrüderhauses am Laufer Schlagturm. Der Bruder holt offenbar gerade Wein im „Kandel" und präsentiert stolz ein Kelchglas venetianischer Art.

Glaubt man dem Statistischen Jahrbuch, trinkt der Durchschnittsdeutsche jährlich etwa 240 Liter alkoholfreie und 156 Liter alkoholische Getränke. Davon entfallen auf Bier (mit deutlich abnehmender Tendenz) 123, auf Wein (mit leicht zunehmender Tendenz) 23 Liter, davon knapp 5 Liter Schaumwein.[14] Solch exakte Angaben für Zeiten zu treffen, in denen das Wort Statistik noch völlig unbekannt war, ist ein Ding der Unmöglichkeit. Ulf Dirlmeier, der einen gewaltigen Quellenbestand zum Weinkonsum des Spätmittelalters durchforstete, schätzt in oberdeutschen Städten den Verbrauch alkoholischer Getränke auf 356 Liter pro Erwachsenen, umgerechnet auf die Gesamtbevölkerung entspräche dies einem Pro-Kopf-Verbrauch von 250 Litern.[15] Aus Nürnberg, wo die Schankmaß mit etwa 1,084 Litern angesetzt wird, gehen in Dirlmeiers Zahlen die Abrechnung eines Orgelbauers 1448/49 über 140-193,5 l Wein sowie die Ration für die Köche und Küchenmeister der Stadtküche 1449/50, die bei 283-390 l lag, ein. Ein Tagesquantum von zwei Maß Wein war mit Sicherheit keine Seltenheit. Anläßlich einer neungängigen Festtafel, die der Nürnberger Ratskonsulent Dr. Christoph Scheurl zu Ehren seines Gastes Philipp Melanchthon 1525 ausrichten ließ, vertranken die zwölf Teilnehmer der Tischgesellschaft 23 Maß Wein. Die enormen Pro-Kopf-Mengen beschränkten sich aber grundsätzlich auf wenige Städte und Weinbauregionen und dürfen keineswegs als Durchschnittsmengen der Gesamtbevölkerung angesehen werden. In den ‚Ballungsräumen' war Wasser häufig ungenießbar oder gar verseucht. Zudem lebten hier die Vermögenden, für die Wein erschwinglich war. Immer schon fungierte sein Genuss auch als Unterscheidungskriterium zwischen Arm und Reich. Im Übrigen hätte der Ertrag trotz der damals wesentlich ausgedehnteren Anbauflächen bei weitem nicht ausgereicht, die ländliche Bevölkerung mitzuversorgen. Etwas überspitzt könnte man von einer ständigen Alkoholisierung der Stadtbewohner vom späten Mittelalter bis zur Frühen Neuzeit sprechen. Während dieser Periode fand eine allmähliche Verlagerung vom Wein zum Bier hin statt, das wiederum seine führende Rolle an neuzeitliche Getränke wie Tee, Kaffee und Erfrischungsgetränke abgeben musste.

Zur Überprüfung des Konsumverhaltens breiterer Schichten eignen sich in besonderer Weise die spätmittelalterlichen Spitalordnungen, wobei wegen Fastenzeiten, Festtagen u.ä. nicht unbedingt von der tatsächlich erfolgten Zuteilung des festgesetzten Quantums ausgegangen werden kann. Im Nürnberger Heilig-Geist-Spital waren die jedem Insassen jährlich zugemessenen 390 l Bier mit der Zusatzbestimmung versehen, dass bei guter Finanzlage die halbe tägliche Bierration durch Wein zu ersetzen sei.[16] Im für die Weinzuteilung ungleich günstiger gelegenen Würzburger Bürgerspital standen jedem Pfründner 1598 erfreuliche 445 l zu.[17]

Zahlreiche Wohltäter, die sich um ihr Seelenheil sorgten, ließen den Insassen zu bestimmten Gelegenheiten Wein reichen. Hermann Kandelgießer stiftete 1403 dem Nürnberger Heilig-Geist-Spital für 30 Seelmessen

17

einen Weingarten.[18] Wer keine Immobilien stiften konnte oder wollte, wählte Geld, Jahrtage, Ewigmessen oder Naturalien, für die spezielle Gedenktage eingerichtet wurden. Als bekannteste Naturalienstiftung des Nürnberger Heilig-Geist-Spitals gilt der 1406 von Friedrich Heimendorfer eingerichtete „Goldene Trunk". Für diese mit 1.200 fl (Gulden) Grundkapital ausgestattete Stiftung wurde eigens eine Pflegerin bestellt, die aus den Zinserträgen Wein einkaufte und an die Armen verteilte. Durch Zustiftungen kamen später auch die Mägde der Kusterin wöchentlich in den Genuss eines Seidleins Wein, was einem guten halben Liter entspricht. Der Kornschreiber Peter Probst aus dem Jahr 1565 listet allein 25 Stifter auf, die den Armen am Montag, an dem sie ein Bad haben, und am Freitag zum Fisch ein Seidel Wein zuweisen ließen. Einige weitere Wohltäter griffen etwas tiefer in die Tasche und spendierten zu bestimmten Jahrestagen den Armen Wein zusammen mit Gerichten wie z. B. gesottenen oder gebratenen Hühnern. Das Hausgesinde konnte sich an 21 Festtagen ein von der Familie Valzner zugedachtes Seidel Wein gönnen.[19] Es fällt auf, dass bei diesen Naturalienstiftungen in Nürnberg das Quantum meist auf ein (in manchen Fällen auch auf ein halbes) Seidel beschränkt ist; die Maß Wein dürfte in Nürnberg demnach im Gegensatz zu den eigentlichen Weinregionen nicht unbedingt üblich gewesen sein. Bier wurde nicht gespendet. Als Standardgetränk im Spital ging dem Bier naturgemäß der vom Stifter wohl beabsichtigte festliche Charakter ab. Das Heilig-Geist-Spital beschäftigte übrigens eigene Weinkellner und selbstverständlich auch Bierkellner, die das selbst gebraute Bier ausschenkten.

Was kann uns noch über den Umgang früherer Generationen mit Wein Auskunft geben? Von einigen vermögenden Nürnberger Bürgern sind um 1500 herum entstandene Haushaltungsbücher überliefert. Die frühesten vorhandenen Rechnungen stammen von Michel Behaim.[20] Die Behaim zählten zu den bedeutenden patrizischen Handelsfamilien der Stadt. Michel Behaim (d. Ä.) wurde 1459 geboren und erlernte den Kaufmannsberuf. Im Jahr 1489 – etwa zu Beginn seiner Aufzeichnungen – wurde er Bürgermeister und verblieb bis zu seinem Tode 1511 unter den Alten Genannten. Er bekleidete in dieser Zeit verschiedene Ämter, darunter das des städtischen Baumeisters. Seine Untergebenen zogen ab und an auch ihre Vorteile aus den Weinvorräten ihres Chefs, so bewirtete er sie an Fastnacht mit Krapfen und Wein. Seine von 1490 bis 1511 geführten Aufzeichnungen lassen einen durchschnittlichen Jahresverbrauch von 410 Litern Wein errechnen – eine Menge, die ohne weiteres für ihn allein bestimmt gewesen sein könnte. Behaim bevorzugte Weißwein, mit einer Ausnahme: 1505 kamen zu der ‚üblichen' Menge Weißwein etwa 194 l Rotwein hinzu.

Aus den Jahren 1507 bis 1517 stammen die Zahlen zu Anton Tuchers Weinbeständen.[21] Der offensichtliche Weinliebhaber Tucher notierte akribisch die Zu- und Abgänge in seinem Weinkeller. In den Berichtsjahren hatte er zu einer Zeit, da Wein spätestens nach zwei Jahren getrunken werden sollte, jeweils Vorräte zwischen 3.060 und 7.185 Litern im Keller liegen! Seine Einkaufs- und Verbrauchszahlen notierte er in Eimern und Vierteln. Umgerechnet in Litern lag der Jahreskonsum in Anton Tuchers Haushalt bei stolzen 3.772 Litern Wein. (Hinzu kamen übrigens etwa 4.400 Liter Bier.) Der etwa 1457 geborene Spross einer ebenfalls patrizischen Familie war als Kaufmann zu Reichtum gekommen, 1505 wurde er zum Losunger gewählt. Er galt als fleißig und pflichtbewusst, der Kunst und Wissenschaft zugewandt, keineswegs aber als ausschweifend. Nach längerer Krankheit starb er 1524. Sein Haus an der Ecke Bindergasse/Heugässlein bewohnten ständig etwa acht bis zehn Personen, eingeschlossen darin zwei Knechte und zwei Mägde.[22] Tucher hatte häufig Gäste im Haus, seine Einladungen reichten von weltlichen und kirchlichen Honoratioren der Stadt über Kanzleischreiber bis zu Handwerkern, Bauern und Spitalarmen. Teilweise bewirtete er über 30 Personen. Hinzu kamen Familientreffen während der Festtage und natürlich Hochzeiten und Taufen. Andererseits werden viele dieser Einladungen auch erwidert worden sein. Tuchers Weinkeller wies eine breite Sortenvielfalt auf, seine regelmäßigen Einkäufe verraten die Überlegtheit des Kenners. Er bevorzugte durchwegs gute Qualitäten, extrem teure Weine mied er. Offen muss bleiben, wohin der Überschuss zwischen Einkauf und Verbrauch gelangte, denn in manchen Jahren kaufte er über 10.000 Liter hinzu. Wenn er den Rebensaft in solchen Mengen verschenkt haben sollte, durfte sich glücklich preisen, wer ihn zum Freund hatte.

Die jüngsten hier vorgestellten Haushaltungsbücher reichen von 1548 bis 1568 und datieren somit aus der Endphase des allgegenwärtigen Weinbaus in Franken.[23] Mit ihrem Autor Paulus I. Behaim begegnen wir dem Enkel des eingangs beschriebenen Michel Behaim. 29-jährig wurde Paulus 1548 Teilhaber der Imhoffschen Handelsgesellschaft. 1552 kam er als Genannter in den Rat, zwei Jahre später übernahm er das Amt des Buchhalters in der Kriegsstube. Gleichzeitig fungierte er als Kriegsherr; viermal fiel die Wahl des „alten Bürgermeister" auf ihn. Aus zwei Ehen gingen insgesamt 12 Kinder hervor.[24] Seinen Notizen nach zu urteilen war ihm der Wein deutlich weniger wichtig als dem Großvater. Er bezog wesentlich weniger Wein aus durchwegs näheren, qualitativ bescheideneren Regionen. Die Einträge sind eher kursorisch, nur für drei Jahre gibt er seine Weineinkäufe quantitativ an. 1548/49 lagerte er 1.009 l ein, 1560 waren es 2.027 und 1564 1.769 l. Die Mengenangaben dürften den Bedarf eines kleineren patrizischen Haushalts recht genau widerspiegeln. Dass wir uns in gehobeneren Kreisen befinden, beweist auch die Sortenwahl. Lokale Weine trank keiner der drei Herren, Tauberweine dienten meist nur der Essigherstellung.

Repräsentativen Anspruch können all diese Zahlen nicht erheben. Über die Aufteilung des Bier- und Weinkonsums dieser Zeit in der Gesamtbevölkerung liegen keine konkreten Zahlen vor. Aussagen hierüber lassen sich über eine – etwas umständliche – Auswertung der erhaltenen städtischen Ungeldeinnahmen treffen. Als Ungeld bezeichnete man die Getränkesteuer auf Wein und Bier. Es muss auf die Verbrauchsmengen umgerechnet und mit den geschätzten Einwohnerzahlen verknüpft werden. Allerdings müssen zwei Voraussetzungen erfüllt sein, um auf den Verbrauch rückschließen zu können: Man benötigt sowohl getrennte Abrechnungen für Bier und Wein als auch die Kenntnis der jeweils gültigen Steuersätze. Dieser Versuch, die Trinkgewohnheiten einer städtischen Bevölkerung über größere Zeiträume hinweg zu klären, wird im Abschnitt „Ungeld und Verbrauchsberechnungen" unternommen.

Da es im spätmittelalterlichen Nürnberg Wein- und Metschenken, jedoch keine Bierschenken gab, die Satzungen sehr viel mehr Wein- als Bierreglements enthalten, und die ersten getrennten Zahlen von 1460 ein ungefähres Gleichgewicht andeuten, das langsam in Richtung Bier umschlug, dürfen wir annehmen, dass bis zur Mitte des 15. Jahrhunderts der Wein die Vorherrschaft innehatte. Eine genaue Berechnung lässt sich für das bereits reichlich ‚bierlastige' Jahr 1627 anstellen, da eine Volkszählung die exakte Bevölkerungszahl Nürnbergs ermittelte. Sie ergeben einen Pro-Kopf-Verbrauch von 419 Litern, aufgeteilt in 84 Liter Wein und 335 Liter Bier.

Die Schätzungen des spätmittelalterlichen Weinkonsums in Höhe von etwa 250 Litern pro Erwachsenen werden durch die in Augenschein genommenen Rechnungsbücher untermauert. Dieser gegenüber heute zehnmal höhere Verbrauch beschränkte sich allerdings wohl auf privilegierte Kreise. Übrigens bewegen wir uns in puncto Konsum langsam wieder auf mittelalterliche Verhältnisse hin. Während der Weinanteil in den traditionellen Weinländern drastisch sinkt, gewinnt er in Deutschland allmählich wieder Boden gegenüber dem übermächtigen, aber beständig rückläufigen Bier. Unter den alkoholischen Getränken verzeichnet allein der Wein Zuwachsraten.

Abschließend eine Notiz am Rande: Wenn Weinfässer besondere Ausmaße erreichen, lassen auch sie Rückschlüsse auf enorme Verbrauchsmengen zu. Die Kurfürsten von Sachsen zu Königstein, die mit Großbehältern ihre Bergfestung bei Dresden versorgten, taten sich mit gleich drei Rekordfässern besonders hervor. Das dritte und größte unter ihnen, erbaut 1719 bis 1725 von dem vormaligen Nürnberger Weinhändler Johann Philipp Hölbe, erlangte einst Weltruhm. Mit seinen Ausmaßen von 32 Fuß Länge und 24 Fuß Höhe fasste es 3.709 Eimer (ca. 254.000 Liter). Es kostete etwa 85.000 Taler, dafür konnten oben auf der Galerie fünfzig Personen bequem speisen. Hölbe starb als Weinwirt „Zur Schwane" 1774 in Nürnberg. Das Fass überlebte ihn, es musste erst 1818 wegen Baufälligkeit zerlegt werden.[25]

Die sächsischen Kurfürsten ließen von dem Nürnberger J. Ph. Hölbe drei Riesenfässer bauen. Der Kupferstich von J. Nitsche (1752) zeigt das größte. Sein Fassungsvermögen von ca. ¼ Mio Liter machte es einst berühmt. Das derzeit größte Fass der Welt mit einem Volumen von 1,7 Mio Litern steht in Bad Dürkheim.

Vom Weisen zum Esel: Die Weinwirtschaften

> Wirtshaus: Weinkeller derer, die keinen haben.
> (anonym)

Wir wissen nun in etwa, wieviel Wein getrunken wurde. Wo aber wurde gezecht? Wer seinen Wein nicht zu Hause trinken wollte, begab sich in die Weinschenke. Das Angebot war reichlich, denn sie bildete die verbreitetste Wirtshausform im spätmittelalterlichen Nürnberg. Metschenken standen in wesentlich geringerer Zahl zur Verfügung. Das alte, mit 15% relativ alkoholhaltige Germanengetränk aus vergorenem Honigwasser und Gewürzen übte also immerhin noch eine gewisse Attraktivität aus. Dagegen gab es zunächst keine Bierschenken. Noch 1485 hatten die Brauer das ausschließliche Schankrecht inne. Um diese Zeit dürfte sich allmählich das Bierwirtshaus entwickelt haben, der erste sichere Hinweis darauf datiert aus dem Jahr 1559.[26]

Viel früher, im Jahr 1302, erließ der Rat seine Weinschenkordnung. In der Folgezeit reagierte er auf Veränderungen und Missstände stetig in Form weiterer Verordnungen und Erlässe, die den Wirten ein enges und immer wieder mit Kontrollen durchzogenes Korsett anlegten. Angesichts der obrigkeitlichen Gängelung darf davon ausgegangen werden, dass das immer wieder auftauchende Klischee vom stets feuchtfröhlich mitzechenden Wirt nicht ganz den tatsächlichen Verhältnissen entspricht. Ob man die in der Literatur verbreitete Ansicht, die Nürnberger Weinwirte hätten ein besonders angesehenes und vornehmes Gewerbe ausgeübt, teilen mag, bleibt angesichts der zahllosen überlieferten Verfehlungen und der offenbar erforderlichen lückenlosen Überwachung fraglich. Angehende Gastronomen mussten jedenfalls erst einmal zwei Fuder Wein (etwa 1.770 l) als Vorrat einlagern, was den mittellosen Abenteurer von vorneherein ausschloss, andererseits aber angesichts der damaligen Trinkgewohnheiten auch keine übertriebene Härte darstellte. Seinen Getränkebedarf hatte der Weinschenk am städtischen Weinmarkt zu decken. Die Trinkstuben hatten zunächst nicht ständig geöffnet. Auf die Zeiten des Ausschanks wurde ähnlich wie bei den heutigen Buschen-, Straußen- oder Heckenwirtschaften mittels eines Zeigers oder einer Weinstange hingewiesen. Vorher musste der Wirt sein Angebot „rufen" lassen. Dabei waren Herkunft (Franken, Neckar, Elsass, später auch Tauber) und Preis zu nen-

Nüssel Weinschenck, der 48. Bruder der Mendelschen Zwölfbrüderstiftung, beim Zapfen vom Fass. Der zunächst in das hölzerne Eichmaß abgefüllte Wein wird anschließend durch den Trichter in den Deckelkrug gegossen. Als Zeichen der geöffneten Schenke überwölbt die um 1430 entstandene Darstellung eine Weinstange mit Strauß bzw. Buschen.

nen. Der Preis für den einfachen Wein von Main und Neckar war vom Rat festgesetzt, galt aber nur für Nürnberger Bürger; an Fremde durfte der Wein zum tatsächlichen Wert verkauft werden. Später trat an die Stelle des Weinrufers eine Weintafel. Um zu verhindern, dass ein Wirt einen guten Tropfen im Keller angestochen hatte, aber schlechtere Ware ausschenkte, durfte er nur ein Fass anstechen und keine verschiedenen Weinsorten vermischen, d.h. im Ausschank befand sich immer nur ein Wein. Erst nachdem dieses Fass aufgebraucht war, durfte ein neues angestochen werden. Als Ausnahme erlaubte die Satzung: *Ane Welschen wein mit anderm weine oder met mit weine oder pier mit weine, daz mac man wol mit ainander vaile haben,*[27] da dabei keine Verwechslungsgefahr bestand.

Das Trinkgefäß, ‚Hafen' genannt, sollte die Füllhöhe um zwei Finger übersteigen.[28] Klingt das schon reichlich bürokratisch, sorgte sich die Obrigkeit Mitte des 16. Jahrhunderts noch wesentlich detaillierter um das korrekte Einschenken. Die zum Fassabzapfen verwendeten Holzbecher mussten durch geschworene Amtsleute geeicht werden, was durch das

Setzen eines Nagels geschah. Die Eichpflicht erstreckte sich auch auf die Kandeln und Bouteillen für den Ausschank. „Ungerechte" Gefäße durften zwar bei der Bewirtung von Gesellschaften eingesetzt werden, ihre Verwendung im normalen Gastbetrieb bestrafte man naheliegenderweise durch einfaches Zerschlagen, dazu wurde dem Wirt – wie bei Vergehen üblich – eine Geldbuße auferlegt.[29]

Anhand von Scherben, die man in großer Zahl am Weinmarkt 11 (ehemaliges Wirtshaus „Zum Wilden Mann") sowie in zwei Gasthäusern in der Irrerstraße gefunden hat, läßt sich die Art der Trinkgefäße im mittelalterlichen Nürnberg rekonstruieren.[30] Danach wurde Bier aus Tonbechern (sog. Faustbecher mit Vierpassrand) getrunken, deren Fassungsvermögen vermuten lässt, dass es sich bei ihnen um die damalige Maß handelte. Das Premiumprodukt Wein wurde dagegen in Gläsern gereicht. Die zunächst verwendeten venezianischen Glasimporte wurden ab etwa 1400 durch deutsche Produkte ersetzt. Gängig war der „süddeutsche Nuppenbecher" aus hellem, leicht grünlich schimmerndem Waldglas, häufig mit deutlich abgesetztem Kragen im oberen Bereich. Als markanteste Eigenschaft trug er auf der Wandung stets einen in unterschiedlichsten Formen und Größen auftretenden Nuppenbesatz. Flaschen verbreiteten sich erst im 15. Jahrhundert. Ihre typische Form wies einen massiven Fuß auf, der ein bauchiges, über den Standring hinausragendes („gestauchtes") Oberteil trug. Den oberen Abschluss der mit 15 bis 18 cm relativ niedrigen Gefäße bildete ein kurzer Hals, der in einer Wulstlippe endete. Sie entsprechen damit in etwa unseren Dekantiergefäßen.

Speisen durften zunächst nicht gereicht werden. Nachdem diese Regel häufig durchbrochen worden war, wurde sie zum Leidwesen der Weinwirte in den konkurrierenden Gastherbergen mehrfach gelockert. Eine Feuerglocke kündigte die Sperrstunde eineinhalb Stunden nach Sonnenuntergang an, seit 1542 war sie starr auf 22 Uhr festgelegt.

Ein Ratsverlass zum Schutz vor gepanschtem Wein aus der Zeit um 1450 ließ eine Zweiklassengesellschaft der Weinschenken entstehen. Die Verordnung führte ein Weisen, d.h. ein Zeichen, in drei Qualitätsstufen für guten unverfälschten Wein ein, das auf der aushängenden Weintafel vermerkt wurde. Von den städtischen Weinprüfern geweiste Tropfen bedeuteten ein doppeltes Privileg. Sie unterlagen geringerer Besteuerung und durften gleichzeitig teurer angeboten werden. Die erste Klasse der Weinschenken hatte fortan geweisten Wein im Ausschank, zu erkennen durch eine mit dem Stadtwappen autorisierte Tafel an ihrer Weinstange. Der

Die gläsernen „Süddeutschen Nuppenbecher" bildeten im 15. Jahrhundert das typische Trinkgefäß für den Wein. Die beiden grünlich schimmernden Becher wurden im Germanischen Nationalmuseum von Scherben aus ehemaligen Wirtshäusern am Weinmarkt und der Oberen Krämersgasse rekonstruiert.

Aushang informierte über die Stufe des Weines, die Weinsorte und den behördlich festgelegten Preis. Als zweite Klasse bildeten sich die Höcken- oder Heckenwirte heraus, die sich nicht um das neue Qualitätssiegel bemühten und häufig wohl auch verfälschten Wein ausgaben. Möglicherweise schenkten sie wie die heutigen Heckenwirtschaften Weine aus eigenem Anbau aus. Jedenfalls unterlagen auch sie weiterhin strenger Kontrolle und wurden im Fall der Entdeckung gepanschten Weins geschlossen *biss auff eins erbern rats widererlawben und eröffnen*.[31] Doch kümmerte sich der Rat andererseits auch um den Schutz der einheimischen Gastronomie. Immer wieder erließ er ein Wirtshausverbot innerhalb einer Bannmeile um die Stadtmauer – und verhinderte damit gleichzeitig den Abfluss von Steuereinnahmen.

Hiermit am unteren Ende der Etablissements angelangt, wollen wir mit der „Herrentrinkstube" kurz der ersten Adresse einen Besuch abstatten. Dieses Lokal existierte seit 1497/98, als es der Rat im ersten Stock des alten Waaggebäudes in der Winklerstraße 22 einrichten ließ.[32] Wie die Bezeichnung schon verrät, blieb der Zutritt den „Herren" vorbehalten, deren Definition Rückschlüsse auf die gesellschaftliche Struktur der Reichsstadt erlaubt. Zugelassene Gäste waren die „ehrbaren" oder ratsfähigen Geschlechter einschließlich ihrer Verwandten sowie (Groß-)Kaufleute, die sich in „ihrer" Trinkstube von anstrengenden Ratsgeschäften erholten oder das Lokal für Empfänge und geschäftliche Unterredungen nutzten. Ihre Lage oberhalb der Stadtwaage prädestinierte die Herrentrinkstube zudem als Kontaktbörse für auswärtige Kaufleute, die gerade in Nürnberg weilten. In den oberdeutschen Reichsstädten hatten sich vergleichbare Trinkstuben auch in den einzelnen Handwerken etabliert, um einen zentralen Treffpunkt der Zünfte zu schaffen. Nicht so in Nürnberg: Hier waren die Zünfte nicht erlaubt. Und um schon Versuche zu solchen Zusammenschlüssen im Keim zu ersticken, lehnte die Obrigkeit kategorisch die Anträge der Handwerkerschaft zur Einrichtung eigener Trinkstuben ab. Eine potenzielle Brutstätte von Auflehnung gegen die oligarchische Herrschaftsform war somit von vornherein ausgeschaltet. Erst gegen Ende des 15. Jahrhunderts gelang es den einzelnen Meister- und Gesellenverbänden nach zähem Kampf, eigene Trinkstuben durchzusetzen. Bei den Gesellen waren diese meist mit Herbergen verbunden, die wandernde Kollegen aufnahmen. Natürlich legten einschlägige reichsstädtische Ordnungen auch hier das Procedere detailliert fest. So wurden im 16. Jahrhundert die Wandergesellen der ‚geschenkten Handwerke' bei ihrer Ankunft mit einem Viertel Wein willkommen geheißen und mit der gleichen Menge wieder verabschiedet. Auch Provisionen für in den Trinkstuben erfolgte Arbeitsvermittlung wurden in Weinmaßen abgerechnet. Den regelmäßigen Zusammenkünften der Handwerker in ihren Schenken oblag überdies eine Art niederer Gerichtsbarkeit, die sich bis zum Wert von einer Maß Wein erstreckte. Etwa hundert Jahre später – um 1650 – sprechen manche Gesellenordnungen dann von einer Maß Bier und Brot als Geschenke für den Ankömmling.[33] Mithin lässt sich selbst anhand dieser vermeintlich abseitigen Zeitdokumente konstatieren, welches Getränk bis in den Dreißigjährigen Krieg hinein auch in den einfacheren sozialen Schichten den Geschmackssinn dominierte. Übrigens hatte zu jener Zeit, als sich die patrizischen Geschlechter bereits weitgehend von ihren Handelsgeschäften zurückgezogen hatten, die Herrentrinkstube längst ihren exklusiven Charakter verloren. Zunehmend hatte sich gemeines Volk unter die Gästeschar gemischt, das die vornehme Atmosphäre verwildern ließ. Im Laufe des 16. Jahrhunderts sollten eigens für dieses Lokal erlassene Hausordnungen für einwandfreies Benehmen sorgen.

Bereits um 1401 existierten mindestens 128 Weinschenken in Nürnberg,[34] 1621 waren es sogar 150, zehn Jahre später immerhin noch 140.[35] Sie bildeten damit das Gros der Gaststätten. Ab dem Dreißigjährigen Krieg nahm der Rat mehrfach Klassifizierungen von Gasthäusern vor. In der Einteilung von 1745 bildeten die Weinschenken mit bzw. ohne Kochrecht die Klassen II und III; die in der IV. Klasse angesiedelten Wirtshäuser und Garküchen mit Bierausschank gewannen aber bald die Oberhand und tragen seither dank ihrer enormen Dichte zu Nürnbergs Ruf als Bierstadt bei. Das Adressbuch von 1829 listet gerade noch 17 Weinschenken auf, gleichzeitig aber 163 Bierwirtschaften. 1880 verschieben sich die Verhältnisse noch krasser: 26 Weinwirten standen knapp 600 Bierwirte gegenüber.

Das Publikum dieser Weinhäuser war weit entfernt von der lärmenden, fröhlichen Zecherschar früherer Jahrhunderte, aber auch dem der einfachen Bierwirtschaften. Es fand sich nur mehr eine kleine Anzahl älterer Herrschaften ein, bei denen es – wie es der Buchhändler und Gründer des Literarischen Vereins in Nürnberg Julius Merz formulierte – so schien, als ob sie *alle ihre Sorgen mit zum Weine brächten und sie durch ihn nicht verscheuchten, sondern dieselben eintauchten in das Thränenwasser der Rebe und mitgenößen.*[36] Der Beschleunigung der Zeitläufte, wie sie die gerade zwischen Nürnberg und Fürth angefahrene Eisenbahn symbolisierte, hatten die Weinstuben wenig entgegenzusetzen. Selbst den Beamten ließ die ständig erhöhte Arbeitsbelastung so wenig Muße, dass *jene schöne Zeit als vergangen zu betrachten ist, in der mancher Rath halbe Tage lang seinen Stuhl der Gerechtigkeit mit der Polsterbank dieses Weinhauses vertauschte.* Die wehmütige Reminiszenz galt dem Rathauskeller oder Ratskeller, im Volksmund als „Löchlein" bezeichnet. Die Weinschenke im Hintergebäude der Rathausgasse 14 ereilte alsbald nach ihrer melancholischen Würdigung das Schicksal in Form der Umwandlung in eine Bierwirtschaft. Glaubt man einer Beschreibung von Friedrich Mayer aus dem Jahr 1843, tobte bei den Bierwirten angesichts ihrer hohen Zahl ein enormer Konkurrenzkampf, während sich die eher gediegenen Weinstuben immerhin ihres kleinen, aber festen Stammpublikums erfreuen konnten, das auch seiner Ansicht nach ein wenig zur Schrulligkeit tendierte: *Weinschenken giebt es trotzdem, daß in allen Gasthäusern Wein geschenkt wird, dennoch nicht wenige und jede darf mit ihrer Einkehr zufrieden seyn, wenigstens wird man in jeder eine eigene Schoppengesellschaft treffen, die so zu sagen, habituell geworden ist und in deren Eigenheiten man eingeweiht seyn muß, um sich in jeder Beziehung auszukennen.*[37] Mayer empfahl den „Weißen Schwan" in der Ludwigstraße und das „Goldene Posthorn" nördlich der Sebalduskirche, das damals für *ein paar für Eisenbahnen enthusiasmierte junge Kaufleute und einige Adelige*[38] die angesagte Adresse war.

Im Verlauf des 19. Jahrhunderts stattete das Wirtsehepaar Döring die holzvertäfelte Gaststube des „Goldenen Posthorns" stilvoll mit allerlei Gegenständen zur Nürnberger Geschichte aus, die das Lokal bald neben dem „Bratwurstglöcklein" (dem es direkt gegenüber lag) zu einer Verkörperung der in Nürnberg immer wieder gesuchten altdeutschen Gemütlichkeit werden ließen. Als „guldin horn" 1498 erstmals in einer Verkaufsurkunde erwähnt, wuchert das Traditionslokal seither zusätzlich mit dem publikumswirksamen Pfund der „ältesten deutschen Weinstube".[39] Über die Richtigkeit dieser Aussage, die jedenfalls um ein „bestehenden" eingeschränkt werden müsste, kann hier nicht geurteilt werden; sie scheint zumindest fraglich, denn in mehreren Gemeinden werden gleichlautende Ansprüche erhoben.

Das „Goldene Posthorn" blieb durchaus nicht das einzige Lokal, das mit Krügen, Kannen, Kupferstichen, Waffen und sonstigen Gegenständen aus dem Grenzbereich zwischen Kunst und Krempel ausgefüllt wurde. Es scheint beinahe so, als ob Nürnberg um die Jahrhundertwende einen „altdeutschen Wirtshausstil" kreierte. Zu den originellsten Lokalen zählte die „St. Sebaldusklause" im Schulgässchen 1, die erst ein ganz großer Nürnberger von der Bierkneipe zur Weinstube umfunktionierte: Wenn er nicht gerade beim „Club" das Tor hütete, stand Heiner Stuhlfauth dort als Wirt hinter dem Tresen. Gleich nebenan, im Schulgäßchen 3, präsentierte sich der „Weinonkel Kaspar Brunner", der in seinen „Rheinpfälzer Weinstuben" (vormals „Historische Weinstuben") in mittelalterlicher Kleidung auftrat und in einem Werbetext *Platz für 4000 Mann (nach und nach)* versprach. Seine Karriere als Original verlief so legendär, dass sich das Lokal nach seinem Ausscheiden in „Brunnerskaspar" umbenannte.

Steigende Touristenzahlen hatten den Weinstuben zu einer gewissen Renaissance verholfen. Von 1902 bis 1909 verdoppelte sich ihre Zahl in

Vielleicht betrachtet hier ein Touristenpaar andächtig die hübsche Fassade des „Goldenen Posthorns", bevor es einkehrt. Die ersten Nachrichten von dem berühmten Lokal, das wie kein anderes den Typus der deutschen Weinstube verkörpert, stammen bereits aus dem Jahr 1498.

Wenn die Nürnberger Torwartlegende Heiner Stuhlfauth nicht für den „Club" zwischen den Pfosten stand, fand man ihn meist in seiner St. Sebaldusklause, die er von 1924 bis 1932 führte. Die altdeutschoriginelle Weinstube (hier in einer Postkartenansicht von 1929) befand sich im Schulgässchen 1 und wurde 1945 zerstört.

den Nürnberger Adressbüchern von 32 auf 60. Angesichts von gleichzeitig bestehenden etwa 1400 Bierwirtschaften relativieren sich solche imposanten Zuwachsraten zwar schnell. Immerhin war um die Jahrhundertwende mit griechischen, italienischen und spanischen Lokalen erstmals internationales Flair in das Genre eingezogen. Einer solchen Bereicherung setzte der Nürnberger Journalist Hanns Schödel ein Denkmal: 1913 hatte Antonio Jorba ein Weinrestaurant in der Jakobstraße 2 eröffnet, in dem er den Nürnbergern die Weine seiner spanischen Heimat nahebringen wollte. Er nannte es „Stadt Barcelona", aber bei den Einheimischen

Der namengebende Herrenkeller befand sich eigentlich unter der schräg gegenüber gelegenen Mauthalle. Trotzdem gehört das Wein- und Speiselokal in der Theatergasse, das Friedrich Böhm 1896 von dem ebenfalls als Weinwirt bekannt gewordenen Karl Föttinger übernahm, zu den Nürnberger Traditionsgasthäusern. Das stolz aufragende Gebäude auf der Fotografie aus dem Jahr 1929 ist nach dem Zweiten Weltkrieg freilich nur noch arg dezimiert erhalten.

hieß es laut Schödel stets nur: *„Mir genga a weng zum Jorba".*[40] Zwanzig Jahre lang verbreitete der Patron mit weiß gedeckten und blumengeschmückten Tischen *einen Hauch vornehmer Gastlichkeit,* in dem es gewiss ausgeschlossen war, dem seinerzeit beliebten Kneipengag zu frönen, sich auf Kosten zahlloser frischer weißer Hemden aus emporgehaltenen oder an der Decke befestigten Flaschen den Wein direkt in den Mund laufen zu lassen. Nein, hier schritt der *kleine, vitale Mann mit dem Schnurrbärtchen,* wenn er gut aufgelegt war, *würdevoll zu seinem funkelnagelneuen Stutzflügel und spielte seinem Volke auf.*

En vogue waren indessen vor allem Betriebe mit Namen wie „Zum Moselblümchen", wo man sich in leicht romantischer Verklärung hinter den sprichwörtlich gewordenen Butzenscheiben so manchen Schoppen kredenzen ließ. Manche Weinwirtschaften der damaligen Zeit wie „Heilig-

Die Katharinen-Klause zählte bis in die achtziger Jahre hinein zu einer der beliebtesten Nürnberger Weinstuben. Auf der Ende der sechziger Jahre zu datierenden Aufnahme hat der Wirt Anton Regenauer mit Familie (ohne Sohn Bernd alias „Nützel") in der Kutsche Platz genommen. In dem Lokal am Wespennest wurden vorwiegend Pfälzer Weine aus Kallstadt getrunken. Dies erklärt die Anwesenheit der Kallstadter Weinkönigin (Bildmitte). Aus der selben nordpfälzischen Gemeinde bezog die Stadt Nürnberg übrigens ihre Patenweine.

Geist-Spital", „Nassauer Keller" und „Böhms Herrenkeller" präsentieren sich heute als Traditionslokale. „Foettingers Herrenkeller" in der Königstraße ist noch nicht gänzlich in Vergessenheit geraten, mancher wird sich noch an so sinnig-urige Bezeichnungen wie „Grübelklause", „Zur Hölle", „Alhambra", „Mausloch" oder in jüngerer Zeit „Katharinen-Klause" und „Wein-Krüger" erinnern. Wiewohl manche von ihnen bis in die achtziger Jahre bestanden, war ihre große Ära mit dem Ausbruch des Zweiten Weltkriegs längst abgelaufen. Heute ist – zumindest in Mittelfranken – die Zeit über den Typus der klassischen Weinstube hinweggezogen, allein der Begriff mutet schon seltsam verstaubt an. Das vielleicht letzte Lokal dieser Art in der Altstadt repräsentieren die bocksbeutelbehängten „Trödelstuben" am Trödelmarkt. Gerade um sich von dem altväterlichen Image rebenumkränzter Bacchantinnen in überladenen Holzstuben abzuheben, bezeichnete Mani Sing sein 1991 in der Nordstadt gegründetes Lokal nicht zufällig als Weinwirtschaft. Doch selbst sein Kennerschaft verratendes internationales Sortiment reicht als Garant des Erfolgs alleine nicht mehr aus. Die Getränkekarte bedarf der Unterstützung durch ein entsprechendes Speisenangebot, ohne das ein Weinlokal kaum mehr überleben kann. Dabei wird vermutlich nicht weniger Wein als früher in Gasthäusern getrunken. Die Erschließung breiterer Schichten für den Wein dürfte den von niedrigeren Autofahrer-Promillegrenzen diktierten Minderkonsum wettmachen. Gewandelt hat sich das Empfinden für die zugehörige stilvolle Atmosphäre. Der Wein wird weniger solo genossen, sondern findet sich als nobler Begleiter eines abendfüllenden Menüs inzwischen untrennbar mit der gehobenen Gastronomie verwoben.

Auch das heute populärste Nürnberger Weinhaus setzt eher auf Schlichtheit und vergibt die Hauptrolle an die Speisekarte, wie schon die selbst gewählte Genrebezeichnung Hotel-Restaurant andeutet. Sein Erfolgsrezept gründet sich am ehesten auf der ständigen Bereitschaft zum Wandel. Die gelungene Balance von Tradition und rechtzeitigem Einschwenken auf die wechselnden Vorlieben des Publikums war in erster Linie das Verdienst eines Mannes, der nicht nur sein Haus zur Institution in Nürnberg ausgebaut hat, sondern diesen Begriff auch für sich selbst in Anspruch nehmen durfte. Obwohl äußerlich gegenüber dem Eingehen auf Modeströmungen gänzlich unverdächtig, stand er immer auf der Höhe der Zeit. Die meisten Leser werden längst erraten haben, dass die Rede von Willi Steichele ist. Just an seinem 102. Geburtstag – am 19. September 2000 – starb der „älteste Wirt Deutschlands". Welchen Bekanntheitsgrad

Steichele zu diesem Zeitpunkt noch genoss, zeigt allein schon die Tatsache, dass die Nürnberger Abendzeitung ihre Schlagzeile diesem Ereignis widmete. Die letzten Lebensjahre hatte Willi Steichele in einer Wohnung oberhalb seines Lebenswerks zugebracht. Geboren wurde er 1898, als sein Vater Georg in der Jakobstraße 50 (heute: Knorrstraße 2) gerade die Bierschankwirtschaft „Zum Batzenhäusl" einrichtete. Das Anwesen für diesen Zweck erworben hatte wiederum dessen Vater Anton, der von 1892 bis 1897 Nürnbergs „Ersten und einzigen Italienischen Weinprobekeller" betrieben hatte. Der befand sich in den Kellergewölben der Adlerstraße 38, fungierte vorher als „Esterhazykeller" und erhielt 1900 den wohl passenderen Namen „Mausloch". Joseph Steichele, ein Bruder Antons, besaß in der Nadlersgasse 31 eine andere bekannte Weinstube Nürnbergs: „Zu den Zwei (Goldenen) Engeln". Die seit dem Ausgang des 19. Jahrhunderts so umtriebig in der hiesigen Weinszene auftretende Familie stammt aus dem nicht gerade als önologische Hochburg bekannten Krumbach in Schwaben; ein gleichnamiger Onkel des Anton Steichele hatte als Erzbischof von München-Freising die Begräbnisfeier für König Ludwig II. auszurichten. Doch zurück zum Batzenhäusl, dessen Name sich übrigens von der mittelalterlichen Münze gleichen Namens herleitet. Das „Steichele" ist den Nürnbergern mittlerweile so vertraut, dass die meisten in dem hübschen spätbarocken Wohnhaus immer schon eine Wirtschaft vermuten werden. Dem ist jedoch nicht so: Zwar stammt das Haus in seiner heutigen Gestalt im wesentlichen aus dem Jahr 1777, aber erst 1898 ließen die Steicheles eine Handwerkerwerkstatt zum Gastraum und ein Lager zur Wirtschaftsküche umbauen.[41] Da das Bierlokal aus der Masse gleichartiger Betriebe nicht herausragen konnte, gestaltete Willi Steichele es nach 1929, als er es von seinem Vater übernommen hatte, zur Wein- und Speisewirtschaft um. Bei der Weinauswahl richtete er sein Augenmerk auf preisgünstige Sorten, die sich bei den Gästen allgemeiner Beliebtheit erfreuten. Fränkische Tropfen erfüllten beide Kriterien nicht hinreichend, so konzentrierte er sich anfangs auf die Anbauregionen Südtirol und Pfalz. Der Wirt erkor die Staatliche Weinbauschule in Neustadt an der Weinstraße als Lieferanten. Ihre „Mußbacher Eselshaut" steht noch heute als wohlfeiler Hausschoppen bereit. Den Erfolg des neuen Konzeptes mag eine eindrucksvolle Zahl illustrieren: Nach eigener Aussage setzte er vor dem Zweiten Weltkrieg alljährlich etwa 400.000 Schoppen ab. Selbst wenn ein erheblicher Teil davon auf das Konto Übertreibung gebucht werden muss, bleibt die Größenordnung für ein Lokal mit damals etwa fünfzig

Plätzen singulär. Den Zweiten Weltkrieg überstand das Anwesen für Nürnberger Verhältnisse mäßig beschädigt. So vermochte Steichele, der als konservativer Katholik Distanz zum Nationalsozialismus gewahrt hatte, als einer der ersten Wirte in Nürnberg nach dem Krieg sein Lokal 1946 wieder zu eröffnen. Für den Schoppen zahlte man damals 30 Pfennige. 1953 kehrte Willi Steicheles Sohn Georg nach sechs Jahren Wanderschaft als gelernter Koch heim. Als neuer Küchenchef sah der Sohn das Korsett der elterlichen Wirtschaft bald als zu eng an und entwickelte Pläne zur Vergrößerung. Es folgte eine Periode unablässigen Um- und Ausbauens, doch gelang es stets, das liebenswerte Alt-Nürnberger Kolorit des von Grund auf erneuerten Hauses zu erhalten. 1954 gliederte der Jungwirt dem Stammhaus ein Hotel an, 1966 folgten die Erweiterung der Weinstuben und die Einrichtung einer Weinhandlung. Dort vertrieb man die Ware der damaligen Hauptlieferanten Staatliche Weinbauschule Neustadt und Zentralkellerei Badischer Winzergenossenschaften Breisach. Seit

Die Wirtslegende Willi Steichele in seinem Weinkeller vor einem Fass der in eingeweihten Kreisen fast ebenso legendären „Mußbacher Eselshaut".
Die Aufnahme dürfte Anfang der sechziger Jahre entstanden sein.

1955 trug das Batzenhäusl den Beinamen „Badische Weinstuben". Der Gastwirt reagierte damit auf den Geschmackswandel der Nachkriegsära: Nach langen Jahren des Mangels konnte und durfte man sich in Wirtschaftswunderzeiten langsam wieder etwas gönnen. Was auf dem Reisesektor den (motorisierten) Massentourismus entstehen ließ, schlug sich im Alltag am ehesten in sich ändernden Ess- und Trinkgewohnheiten nieder. Der Nachholbedarf an Kalorien fand seine Befriedigung insbesondere in fettreicher und süßer Nahrung. Trocken ausgebaute Weine widersprachen der über lange Jahre angestauten Begierde auf Zucker. Durch die deutschen Kehlen traten pappig-süße Spätlesen ohne Säuregerüst ihren Siegeszug an. Solche Sorten lieferte preiswert und in großen Mengen die badische Zentralkellerei in Breisach. Und Willi Steichele konnte von den Breisacher Kreszenzen an der Pegnitz zwischen 1955 bis 1970 über eine Million Liter absetzen. Der Senior, den es tagaus, tagein und bis spät in die Nacht hinein in seinem Lokal umtrieb, entwickelte sich mit zunehmendem Alter als öffentliche Person langsam vom Original zur Legende. Die Lokalpresse widmete ihm seit seinem 70. Geburtstag regelmäßig Glückwunschadressen. Dabei wird Willi Steichele keineswegs ein sonderlich leutseliger Charakter zugeschrieben. Vielmehr behandelte er jeden Gast unabhängig von Stand und Äußerem herb und meist kurz angebunden. Standard-Redewendungen wie „Hat's gwieß net g'schmeckt?" und „Ruckt's halt a bissl zamm, des geht scho' noch!" dürften vielen Stammgästen noch vertraut in den Ohren klingen. Doch wirkte selbst die laut geäußerte pekuniäre Sorge des knorrigen Wirtes um gute Auslastung seines Lokals auf das Publikum identitätsstiftend und wurde mithin akzeptiert. 1971 übergab Willi Steichele den Betrieb offiziell an Sohn Georg und Schwiegertochter Bärbel, die faktisch das Szepter schon seit den fünfziger Jahren in der Hand gehalten hatten. Die Fortführung als Familienbetrieb scheint gesichert, denn seit 1990 steht Georg Steicheles Sohn Michael, ebenfalls ein gelernter Koch, dem Vater zur Seite. Heute verfügt das Unternehmen über ein Hotel mit 90 Betten, ein Restaurant mit frisch zubereiteten fränkischen Spezialitäten, an denen die „nouvelle cuisine" spurlos vorbeigegangen ist, eine eigene von 10 bis 24 Uhr geöffnete Weinstube mit zivilen Preisen – und über zahlreiche langjährige Mitarbeiter, die die Bestellungen der noch viel zahlreicheren Stammgäste auswendig kennen. In der schlichten Weinstube ohne ‚altfränkische' Beigaben erholen sich tagsüber vor allem Freiberufler und Mitarbeiter der benachbarten Firmen in ihren Pausen vom Arbeitsstress und finden dort sonst kaum mehr anzutreffende gemütliche Geselligkeit bei einem Glas Wein. „Slow drinks" statt "fast food". Die häufigste Order gilt nach wie vor dem „Esel" genannten Haustrunk, einem außergewöhnlich fruchtigen Silvaner der Lage „Mußbacher

Wer solche „Grüße aus dem Batzenhäusl" erhielt, konnte sich wohl eine recht genaue Vorstellung von Georg Steicheles Wirtschaft machen. Die 1905 datierte Postkarte deutet zunächst das Nürnberg-Panorama an, geht dann von der Außenansicht der „Restauration" zur holzgetäfelten, altdeutsche Gemütlichkeit ausstrahlenden Gaststube über. Zuvörderst springt aber das feuchtfröhliche Arrangement zum Thema Wein und Gesang ins Auge.

Eselshaut". Er wird in bewährter Weise von der Staatlichen Lehr- und Forschungsanstalt für Weinbau in Neustadt ausgebaut, wächst aber inzwischen in einem hauseigenen Weinberg, den Georg Steichele 1990 erwerben konnte.

Um das Thema „Weinwirtschaften" abzurunden, seien die abschließenden Zeilen dieses Abschnitts einer recht jungen Gemeinschaftsveranstaltung diverser Nürnberger Wirte gewidmet. Seit 1994 beherbergt endlich auch die größte Stadt Frankens eine Festivität, die in unterfränkischen Ortschaften traditionell einen festen Bestandteil des önologischen Jahreslaufs für die Einheimischen bildet, zunehmend aber auch touristische Bedeutung erlangt: das Weinfest. Die Idee, den Rebensaft auf diese Weise wieder ein wenig mehr im Bewusstsein der Mittelfranken zu verankern, ging denn auch von dem in Würzburg ansässigen „Fränkischen Weinbauverband" aus. Mangels eigener Winzer muss die Organisation in Nürnberg von arrivierten Weinfesten zwangsläufig abweichen – woran sich prompt ein hitziger Streit entzündete. Für die Frankenwein-Lobbyisten aus Würzburg stand die Erschließung eines neuen Kundenpotenzials im mittelfränkischen Ballungsraum im Vordergrund. Erfahrungsgemäß verkauft sich Frankenwein am besten im unmittelbaren Umkreis des Anbaugebiets. Wie üblich sollte die Bewirtung den sich beteiligenden Winzern übertragen werden. Diese Absicht rief die Nürnberger Altstadtwirte auf den Plan. Man fürchtete um's Geschäft und bestand auf Beteiligung. Die Gastronomen erwärmten sich durchaus für die auswärtige Idee, wollten sie aber in eigener Verantwortung ohne die Winzer umsetzen. Nach monatelangem Tauziehen einigte man sich schließlich auf einen Kompromiss: Die Weine sollten unter der Regie des Weinbauverbands von Nürnberger Wirten angeboten werden. Für die ersten beiden „Fränkischen Weinfeste" bildete der Lorenzer Platz den Rahmen, nach etwa 15.000 Gästen bei der Premiere wurden im zweiten Jahr schon 35.000 Besucher gezählt. 1996 wurde das jeweils nach Sommeranfang stattfindende etwa zehntägige Fest auf den Hauptmarkt verlegt. 40 mehr oder weniger renommierte Weingüter boten damals etwa 200 Weine an, den Besuchern standen zum Genießen 3.600 Plätze unter freiem Himmel und in Zelten zur Verfügung. Mit Ausnahme je eines günstigen „Hausschoppens" orientieren sich die Wirte bei ihrer Preisgestaltung leider allzu sehr an ihren Getränkekarten denn am bei Weinfesten gepflegten Usus. Obwohl sich 2001 nur mehr 25 Winzer mit etwa 160 Weinen beteiligten, erreichte man mit etwa 70.000 Gästen[42] die bisher beste Resonanz. Zumindest die Wirte dürfen sich also freuen: Das Nürnberger Weinfest hat sich in kurzer Zeit einen festen Platz im städtischen Veranstaltungskanon erobert.

„Volle Manns- und Weibspersonen": Der Weinmissbrauch

Unser deutscher Teufel muss ein guter Weinschlauch sein und muss Sauf heißen.
(Martin Luther)

Die Zustände in den Gasthäusern wurden nicht grundlos streng überwacht. Mit dem 13. Jahrhundert setzt das deutsche „Saufzeitalter" ein.[43] Zahllose Berichte spätmittelalterlicher Zeitgenossen zeugen von Völlerei und übermäßigem Trinken – auch beim weiblichen Geschlecht, das von kirchlicher Seite besonders vor dem Konsum von Alkohol gewarnt wurde: *Wein sei der größte Feind der Keuschheit und der Schweigsamkeit, deshalb sollten sich Frauen seiner ganz enthalten oder ihn mit Wasser mischen.*[44]

Solcherlei Forderungen sah sich um 1430/40 in Nürnberg nicht zuletzt die Nonne Katharina Tucher ausgesetzt. Die Namensgleichheit mit dem Patriziergeschlecht scheint bei ihr rein zufällig, da ihr Mann Otto Tucher als reicher Tuchhändler in Neumarkt gelebt hatte. Sie trat vermutlich erst als Witwe mit etwa sechzig Jahren als Laienschwester in das Katharinenkloster ein. Als der Trunksucht verfallen rügte Christus sie in ihren dialogisch erlebten Visionen: *‚So trinck kain wein mer!' ‚Lieber her, so muz ich sterben.' ‚Eia, nvn hastv kain getrawen, daz dv mvgst laszen, vnd dv mainst doch kain dot svnd [Todsünde] wieder mich zv dvn. So wiz, daz trvnckenhait ain havbt fraw aller svnd ist.'*[45] Womöglich beruhten ihre Erscheinungen auf dem Konsum großer Mengen von Würzweinen. Wie wir inzwischen wissen, vermögen die Weihnachtsgewürze Nelken, Ingwer, Zimt, Anis und vor allem Muskat in hohen Dosen Halluzinationen und Bewusstseinsveränderungen auszulösen; in ihrem Wirkungsmechanismus gleichen sie der Aufputschdroge Ecstasy.[46] Die Verbindung mit dem Alkohol könnte dann ein Übriges getan haben.

Eine Nürnberger Chronik berichtet von einem Ehepaar, das nach Weingenuss in die Pegnitz gefallen und ertrunken war.[47] Der Rat von Nürnberg klagt 1557 über *Ungeschicklichkeiten, die von vollen Manns- und Weibspersonen begangen werden.*[48] Man hielt sich einen kleinen Wagen, der jeden Morgen Betrunkene von der Straße auflas und nach Hause brachte.[49] Wie ein Fall aus der Strafjustiz des 16. Jahrhunderts beweist, musste übermäßiger Weinkonsum nicht zwangsläufig negative Folgen zeitigen: Zu dieser Zeit bildete das Ertränken die übliche Form der Todesstra-

Sollte die Erwähnung dieses tragischen Ereignisses aus dem Jahr 1586 in der Nürnberg-Chronik des Weinwirts Wolf Neubauer d.J. seinen Gästen zur Warnung dienen? Berichtet wird von zwei Eheleuten, die nach dem Weingenuss nächtens bei der Barfüßerbrücke (heute Museumsbrücke) *in das wasser gangen*. Am Morgen fand man sie ertrunken am Rechen der Pfannenmühle. Sie befand sich wenige hundert Meter flussabwärts beim Trödelmarkt.

fe für Frauen. Da es der Pegnitz an der dafür erforderlichen Tiefe mangelte, steckte man die Todeskandidatinnen in einen Sack, der mit einer Stange so lange unter Wasser gedrückt wurde, bis diese keine Lebenszeichen mehr von sich gaben. Als eine Delinquentin wieder lebendig herauskam, fragte man sie, *warumb sie nicht ertrank, sie sprach: da hab ich vor vier moß weins getrunken, vor dems[elben] Wein kunt kein wasser in mich kumen.*[50]

In den Weinschenken durften aus Sicherheitsgründen keine Waffen wie Schwerter und spitze Messer getragen werden; der Wirt hatte seine Gäste auf dieses Verbot hinzuweisen und durfte Zuwiderhandelnde nicht bedienen. Außerdem durfte kein Bürger mehr als sechzig Heller verspielen.[51] Die Einrichtung der Sperrstunde diente in erster Linie der Einschränkung des Alkoholkonsums. Hauptursache der Unmäßigkeit war die Unsitte des ‚Zutrinkens', das als Problem selbst die Reichstage zwischen 1495 und 1518 beschäftigte.[52] Der Ablauf des Zutrinkens variierte, gemeinsam war den verschiedenen Formen, dass es für die Beteiligten nie ein Entrinnen gab. Anschaulich beschreibt es Dieter Weber: *Reihum wurde auf das Wohl einzelner Zecher der Becher geleert, und es gehörte sich für ei-*

Dem Nürnberger Künstler Erhard Schön gelang mit seinem Holzschnitt zu dem Gedicht seines Zeitgenossen Hans Sachs über die vier Eigenschaften des Weins ein eindrucksvolles Sittengemälde. Vier Gruppen von Trinkenden in einem Weinberg repräsentieren die vier hippokratischen Temperamente, deren Laster überdies durch unterschiedliche Tiere symbolisiert werden. Links oben kommunizieren fröhlich die Sanguiniker, das Lamm steht für den Leichtsinn. Neben ihnen streiten zornig und tätlich die Choleriker, verkörpert durch den gefährlichen Bären. Ihr Gegenstück bilden die unten links dargestellten Phlegmatiker. Sie neigen zur Völlerei, ihr dominierender Körpersaft ist unübersehbar der Schleim. Schweine machen sich über das Erbrochene her. Melancholiker schließlich gelten als schwermütig, ihnen wird außerdem Narretei und Glücksspiel zugeordnet. Mit am Tisch sitzt der Affe. Übrigens lassen die dargestellten Flaschen deutliche Bezüge auf die Bocksbeutelform erkennen.

nen rechten Mann, daß man dem Zutrinkenden ‚Bescheid gab', d.h. man schluckte zur Erwiderung ebenfalls das gleiche Quantum. Eine Weigerung barg die Gefahr von Racheakten in sich, da der Zutrinkende es als Ehrverletzung empfand, wenn der Trunk nicht erwidert wurde.[53] Wer als Wirt geschäftstüchtig war, wird den Zutrinkenden nicht unbedingt Einhalt geboten haben. Die Unsitte scheint in Nürnberg be-

sonders grassiert zu haben, denn hier wurde sie bereits 1496 verboten – allem Anschein nach erstmals in Deutschland. Man kannte die Folgen offenbar nur zu gut: *gotzlesterung, haderei, zoren, verwundung und manschlacht*[54]. Nach seinen Vor-Ort-Beobachtungen teilt der Volksaufklärer Hans Sachs die Zecher in die vier Temperamente ein. Besonders unangenehm fallen ihm Choleriker und Phlegmatiker auf: *... Zum anderen, hat auß einfluß-stewer / Colericus die art vom fewer: / So der zu viel wein henckt inn schopff / Bald steiget im die hitz in kopff / Und wirdt gantz grimmig wie ein ber. / Zu hader, rach steht sein beger./ ... / Zum dritten, so mit uberflus / Wein trincket der flegmaticus / Der von wasser hat sein Natur, / So gwindt er einer saw figur. / Wan ihm der Wein auffplet sein wampen / So will er noch mehr fressen, schlampen / Mit zutrinken ist im auch wol / Biß er wirt truncken und stüd-vol ... / ... / Darumb ein bider man sich sol / Vor ubrigem wein hüten wol / Das im darauß kein unglück wachs / Den Rat gibt von Nürnberg Hans Sachs.*[55] Sicher nicht zufällig durchzieht der Aufruf zur Mäßigkeit das Werk von Hans Sachs fast wie ein roter Faden. Die positiven anregenden Folgen des Alkohols stellt er ebenso drastisch wie eindrücklich den negativen infolge

In seiner kunsttheoretisch angelegten „Unterweisung der Messung" (Nürnberg 1525) setzt Albrecht Dürer dem Trunkenbold und Vielfraß ein Denkmal. Auf dessen Grabstein sollen sich übereinander gestapelt Fass, Spielbrett, Schüsseln, Teller und Becher, gekrönt von einem Korb Brot mit Käse, Butter und Weintrauben erheben. Mit der Realisierung seines ironisch gemeinten Entwurfs, den Dürer für einige seiner Zeitgenossen als geeignete Grabeszier erachtete, rechnete er offenbar selbst nicht, da er den Säulenaufriss nur von *abenteuer wegen* in seine Sammlung aufnahm.

Missbrauchs gegenüber: *Der Wein Macht frölich bayde wirt und gest, / Auch thut er alle Kürtzweil bringen / Mit Saytenspiel, pfeyffen und singen, / Mit tantzen, spiel, schwenck aller weiß, / Samb sey man in dem paradeiß, / Biß man wirt gar zu feucht vom wein. / Denn schlecht endlich der donner drein / Mit ungestüme gleich den thoren. / Sie zancken, schreyen und rumoren, / Mit worten einds das ander schend. / Denn hat alle freud gar ein end. / Der füllerey auch folgen thut / Schand, laster, schade und armut, / Kopffwe, kranckheit aller glieder. / Vernunfft und sinn liegen darnieder. / Sterck und gedechtnuß sie abstürtzt. / Des menschen leben sie verkürtzt. / Doctor Freydanck spricht, mehr leut sterben / Von füll, denn durch das schwerd verderben, / ... / Wer loß will sein solchs ungemachs, / Der trinck messig wein, spricht Hans Sachs.*[56]

Dass seine Ratschläge leider nicht überall auf fruchtbaren Boden fielen, beklagt eine Verordnung aus dem Jahr 1645.[57] Obgleich *das Zechen allhier in den Wirtshäusern und Weinkellern in vollem Schwang* stand, begab sich das Volk an den Sonn- und Feiertagen in die nahen Dörfer *des Zechens und unnötigen Jubilirens wegen.* Füllerey und Trunckenheit lösten die allseits bekannten und gefürchteten Enthemmungen aus: *Wann man also mit wein überschütt und gefüllet, wider die Gebott Gottes und eines E.E. Rathslöbliche gute Gesetz und Ordnung allerley Unzucht, Hurerey und Schlägerey auch viel gräulicher Gotteslästerungen, Verwundungen, Lähmung, Todtschlag und anderer unmenschlicher Unrath ... erfolgen thut.*

Wein schafft Arbeit: Städtische Weinberufe

> Lange, lange bevor der Wein ein Verwaltungsproblem war, war er ein Gott.
>
> (Ortega y Gasset)

Das Beispiel des Mendelschen Zwölfbrüderhauses beweist, dass der schöne Beruf des Winzers auch in Nürnberg ausgeübt wurde. Größere Bedeutung erlangten hier gleichwohl einige sich im Laufe des Mittelalters herausbildende Spezialberufe, die sich unter dem Dach der städtischen Verwaltung rund um den Weinhandel rankten. Sie standen entweder unter dem Zeichen des Verbraucherschutzes (unverfälschter Wein, Qualitätskontrolle), sollten den reibungslosen Umschlag der wertvollen Handelsware Wein gewährleisten oder dienten schlicht dem fiskalischen Interesse der Obrigkeit. Nürnberg ging dabei keineswegs einen Sonderweg, die Entwicklung vollzog sich unter unterschiedlichen Berufsbezeichnungen so oder ähnlich gleichzeitig in zahlreichen deutschen Städten.

Jeder Wein, der heutzutage in Deutschland wenigstens als Qualitätswein in den Handel gebracht werden soll, muss zur amtlichen Qualitätsprüfung angestellt werden. Diese heute im Bereich der Lebensmittelchemie angesiedelte anspruchsvolle Aufgabe hatten im mittelalterlichen Nürnberg die zwei geschworenen *Weinkieser* (erstmals um 1320 als *Weinschatzer,* später auch als *Euterer* bezeichnet) inne. Insbesondere hatten sie festzustellen, ob der Rebensaft nicht *überstreckt oder überzuckert, unterzogen, geschwefelt oder sonst gefälscht sei.*[58] Die auch in der Wortwahl fast modern anmutende Kontrolle fand in Form einer anonymisierten Blindprobe aller neu angezapften Fässer zunächst im alten Rathaus, später im Fünferhaus und schließlich im „Weinkieserstüblein" an der Moritzkapelle statt.[59] Den Ablauf der Verkostung einschließlich der Erteilung des Weisens hat uns der Meistersinger Kunz Hass in seinem Lobgedicht auf Nürnberg aus dem Jahr 1490 überliefert: *... Auch seind ir zwen alle morgen, / tragen kies wein mit der laden / Auf das rathaus in ein gaden, / Ist in gemacht in sunderheit; / Ein feiner tisch darzu bereit, / Gewürfelt als das spil im schach; / Da setzen sy die kandel nach, / Ein yeden wein nach seinem gelt, / Stet kand vnd glas in irem velt. / Die kieser mussen draussen sein, / Bis das die zwen schencken ein; / Darnach ruffen sy in wider, / Kysen da nach farb und schmagk, / welche wein den selben tagk / Mit dem weisen furgangk haben. / Die weil war-*

ten meid und knaben / Herundn bei dem almus haus, / Bis man die weisen rüffet aus, / Sicht man dann den hauffen stiben, / Die weisen werden angeschriben / Mit einer kreiden an ein pret, / Ob yemand nit verstanden het, ...[60] Konnten sich die Kieser nicht auf eine gemeinsame Beurteilung einigen, entschied die Probe ein eigens verpflichteter Obmann. Die strengen Schenkordnungen der Weinwirte erfüllten nicht zuletzt eine Schutzfunktion für die Kieser. Wenn es jenen nämlich möglich gewesen wäre, geweisten, also für gut befundenen Wein nachträglich zu panschen, wäre den Kiesern schnell mangelhafte Pflichterfüllung vorgeworfen worden. Geweister Wein musste denn auch täglich neu versucht werden.[61]

Den anderen Berufsgruppen gemein war die Beteiligung am Eintreiben der städtischen Getränkesteuer, des so genannten Ungeldes.[62] Aufgrund seiner weitreichenden Bedeutung ist ihm ein eigenes Kapitel gewidmet.

Die geschworenen *Weinstecher* bzw. *Anstecher* hatten die Aufgabe, Käufer und Verkäufer als Makler („Unterkäufel") zusammenzuführen. Ihnen war es zudem vorbehalten, die am Weinmarkt gehandelten Fässer zu öffnen. Sie gewährleisteten somit, dass für jedes Fass Ungeld entrichtet wurde. Ihre Gebührensätze hingen davon ab, ob der Käufer Nürnberger oder Auswärtiger war. Einheimische zahlten nur die Hälfte. Um Unterschleif zu verhindern, durften die Anstecher weder Geschenke annehmen noch selbst Wein kaufen.[63]

Die geschworenen *Visierer* oder *Weinmesser* waren für die Erfassung der korrekten Flüssigkeitsmengen zuständig.[64] Da es keine geeichten Fässer gab, musste jedes Fass einzeln mit der Visierrute ausgemessen werden. Darunter verstand man einen hölzernen Maßstab mit Markierungen in beliebige Bruchteile von Längen- und Tiefenpunkten eines geeichten Fasses. In Nürnberg galt die wegen ihrer Halbierungen praktische Stückelung 1 Eimer = 32 Viertel = 64 Visiermaß. Aus der Multiplikation der Messergebnisse von Durchmesser und Tiefe errechnet sich das Fassvolumen.[65] Das visierte Fass wurde anschließend sofort versiegelt und auf dem Boden das Messergebnis, die Bezeichnung des Fasses und dessen Eigentümer vermerkt. Darüber hinaus kontrollierten die Visierer die Eichung der in den Weinschenken verwendeten Gefäße. Für ihre Dienstleistung kassierten sie eine Visiergebühr, waren aber selbst nicht befugt, Ungeld einzuziehen.

Sie leiteten die entsprechenden Angaben auf einem Zettel an den Ungelter weiter. Aufgrund dieses Beleges, aber auch durch direkte Überwa-

Die Darstellung des Visierers mit Visierrute und dem zu vermessenden Fass ist dem 1531 in Straßburg erschienenen *Eyn new künstlichs wolgegründts Visirbuch* entnommen. Der Autor Ulrich Kern legt darin die geometrischen Grundlagen seiner Profession offen. Die zahlreich enthaltenen praktischen Umrechnungstabellen dürften dem Werk Handbuchcharakter auf den Weinmärkten verliehen haben.

chung des Weinmarktes und der Schenken zog dieser nach erfolgtem Verkauf die Abgabe ein und versiegelte wiederum die Fässer, damit kein unversteuertes Getränk nachgefüllt werden konnte.

War das Fass so weit freigegeben, kamen die *Schröter* (später auch als *Ablader* bezeichnet) zum Einsatz. Nur sie durften die Fässer innerhalb der Stadt bewegen und somit auch in die Keller einlegen – womit sie zugleich über den für den Ungelter bedeutsamen Überblick verfügten, wer wo wann welche Vorräte im Keller liegen hatte. Für ihre schwere Arbeit waren die Schröter mit Seilen und Winden sowie schlittenartigen Schrotleitern ausgerüstet.[66] Visierer und Schröter verlangten für ihre Tätigkeit eine Gebühr, die so reichlich bemessen war, dass sie nur die Hälfte behalten durften; den Rest erhielt gleichsam als Zuschlag auf die Getränkesteuer die Stadtkasse.

Die Öffnung der Fässer in den Weinschenken schließlich unterstand der Aufsicht des *Angießers,* der eine Art Schlusskontrolle ausübte. Um Mauscheleien zu vereiteln, waren die Angießer zum öffentlichen Agieren verpflichtet. Sie durften *in kainen kelr gen und auch kein gedinge haben mit den, die trinken schenkent, haimelich noch offenleich; und si suln ir maze mit in tragen in ainem sacke und si suln angiezen vor dem kelr oder in den strazen, swa in daz trinken begegent; unde si suln auch pfant und kain gelt niht nemen unangegossen ...*[67]. Wenn der Wirt seine Wirtschaft öffnen wollte, benötigte er den schon erwähnten *Weinrufer.* Die Nichteinhaltung der diversen Vorschriften wurde mit Geldstrafen in unterschiedlicher Höhe geahndet, in manchen Fällen sogar mit zeitweiligem Berufsverbot.

Hinter dieser überaus umständlich anmutenden Prozedur mit ihrer Verteilung auf so zahlreiche Schultern stand gewiss kein städtisches Beschäftigungsprogramm, sondern der Gedanke, die Gelegenheiten zu Betrug und Korruption gering zu halten. Bei dem kostspieligen und hoch besteuerten Wirtschaftsgut Wein war Unterschleif an der Tagesordnung. Um den Fiskus zu umgehen wurde anreisenden Weinhändlern ihre Ware vor Erreichen des städtischen Einflussbereichs abgekauft und auf dem Land eingelagert. 1688 führte diese Praxis anlässlich eines Franzosenüberfalls dazu, dass mehrere Tausend Eimer Wein aus der Umgebung in die sicheren städtischen Niederlagen gebracht und bei dieser Gelegenheit ordnungsgemäß versteuert wurden.[68] Händlern war es untersagt, Weine in ihre Herbergen mitzunehmen.[69] Die Vorschrift nimmt direkt Bezug auf Absprachen zwischen Weinführern und Wirten, um die Ware am Ungeld vorbei

1481 starb der hier porträtierte Ulrich Windysch, ein Ablader bzw. Schröter am Weinmarkt. Das Hausbuch der Mendelschen Zwölfbrüderstiftung widmet ihrem Bruder ein Blatt, das ihn bei seiner harten Transporttätigkeit zeigt. Windysch lässt das Fass seitlich vom Leiterwagen die Schrotleiter hinabrollen; mit dem Seil bremst er das in Fahrt kommende Fass ab.

zu schmuggeln. Wieviel Erfolg den illegalen Praktiken beschieden war, lässt sich naturgemäß nicht mehr feststellen. Sowohl deren hartnäckiges Auftreten als auch einzelne ausgesprochene Strafen sprechen aber für eine erhebliche Dimension. Im April 1576, dem eine mehrfache Erhöhung des Ungeldes vorausgegangen war, wurden 43 Wirte gemeinsam wegen Betrügereien im Weinhandel mit der horrenden Geldstrafe von 12.085 fl belegt.[70] Erschwerend hinzu kam die nicht immer einwandfreie Amtsführung der Beamten.[71] Zeitweise waren sie vom Weingenuss so mitgenommen, dass sie nicht mehr arbeiten konnten. Korrupten Visierern wurden 1576 als Meineidigen die vorderen Glieder an den beiden Schwurfingern abgeschlagen, mit ihren Familien wurden sie auf Lebenszeit aus der Stadt verbannt. Andere Ungetreue wurden gerügt oder bei wiederholten Verfehlungen ihrer Ämter enthoben.

Erst zahlen, dann trinken: Ungeld und Verbrauchsrechnungen

> Vor Jaren smeckt er wol,
> eh das ihn versaltzet gar
> das Ungelt und der Zol.
> (über den Wein aus einem Fastnachtspiel des 15. Jh.)

Das Erobern macht einen Gutteil des Reizes zwischen Männern und Frauen aus. Auch manch komplizierter Wein scheint zunächst spröde und öffnet erst sein Potenzial, wenn man sich ernsthaft um ihn bemüht. Nicht selten belohnt um so höherer Genuss die Anstrengungen. Den kann ich Ihnen hier nicht versprechen, aber: Dieses Buch entstand nicht zuletzt, um auf die unterschätzte Bedeutung des Weines in Nürnberg hinzuweisen. Die These hinge seltsam in der Luft, würde sie nicht durch ein Mindestmaß an Zahlen aus den historischen Quellen untermauert. Die Argumentation baut auf der statistischen Basis auf; ohne deren Wiedergabe wäre sie nicht nachvollziehbar. Wer sich aber durch dieses eher dem spröden Steuerrecht verpflichtete Kapitel nicht durchbeißen möchte, der mag es getrost und ohne Verständnisschwierigkeiten im weiteren Verlauf übergehen.

Der Begriff Ungeld bezeichnet eine Art Verbrauchssteuer, die auf bestimmte Nahrungsmittel erhoben wird und vom Endverbraucher zu zahlen ist. Erstmals erhoben wurde das Ungeld vermutlich um die Mitte des 13. Jahrhunderts zur Finanzierung des gerade begonnenen Baus der Stadtbefestigung. Noch ausschließlich auf Wein bezogen findet sich die indirekte Steuer deshalb bereits im frühesten überlieferten Satzungsbuch von 1302. Sie wurde auch bei selbst angebautem Wein fällig. Erst 1386 kam die Ausweitung des Ungeldes auf Bier, was die frühe Bedeutung des Weinhandels für Nürnberg unterstreicht. Für in Nürnberg versteuerte und daraufhin exportierte Ware erhielten die Händler das Ungeld abzüglich einer Verwaltungsgebühr zurückerstattet. In erster Linie traf das Ungeld den kleinen Mann, der deshalb viel Scharfsinn darauf verwendete, sich an der extrem unpopulären Akzise vorbei zu mogeln. Umgekehrt lassen sich bis in das 18. Jahrhundert die Versuche des Rates verfolgen, in immer neuen Dekreten Hinterziehungen zu verhindern.[72] So beklagte der Rat in einem Mandat vom 18.6.1691 wieder einmal *mit sonderbahrer Bestürtzung ..., welcher gestalt bey diesen leyder! sehr elend und mehr als sonsten Geld-benöthigten Zeiten ... das Umbgeld zimblich abgenommen habe,*

... daher entstanden, daß so vielfältig mit verbottener Hereinschleichung allerhand Getrancks an Wein und Bier freventlich geschalcket.[73] Das Decretum verhieß strenge Einlasskontrollen an den Stadttoren, weil Wein z. B. in Milchkrügen verborgen eingeführt worden war, und kündigte Visitierungen in verdächtigen *Schlupffwinckeln* an. Insbesondere in den Gärten vor der Stadt fanden heimliche Zechgelage mit unversteuertem Wein und Bier statt. Schließlich wurde gar die Vergünstigung für Wöchnerinnen, die Taufe mit steuerfreiem Wein begießen zu dürfen, wegen des fortgesetzten Missbrauchs aufgehoben.

Neben der Losung, einer Einkommensteuer nach Selbsteinschätzung, bildete das Ungeld die bedeutendste Einnahmequelle der Reichsstadt. Ihre immense Bedeutung für den städtischen Gesamthaushalt rechtfertigt es schon allein, die Entwicklung dieser Abgabe über etwa 400 Jahre Revue passieren zu lassen. Doch sollen uns hier die jährlichen Einnahmen primär dazu dienen, Rückschlüsse auf den damaligen Wein- und Bierkonsum zu ziehen. Voraussetzung dafür ist die Kenntnis der jeweils gültigen Steuersätze. (Das komplizierte Werteverhältnis der diversen Währungseinheiten zueinander findet sich hinten im Anschluss an die Fußnoten.)

Der 1386 zum Ungelter berufene Ulrich Peuntinger gestaltete die vorher wenig einträgliche Abgabe komplett um, was sofort zu einer Verachtfachung der Einnahmen gegenüber 1377/78 führte.[74] Er staffelte das Ungeld nach Weinqualitäten, seit seinem Amtsantritt betrugen die Sätze pro Fuder (= ca. 884 l)[75]

- für einfachen Wein aus Franken, von Neckar, Tauber und der Bergstraße und dergleichen 2 Gulden (fl)
- für Elsässer, Rheinwein und dergleichen 3 fl
- für Welschwein, Rainfal, Passauer, Veltliner, Klevner und dergleichen 6 fl
- für Romanier, Malvasier, Kriechlein, Vernatsch, Muskateller und dergleichen 8 fl
- für Bier $^1/_2$ fl

Diese Sätze blieben natürlich nicht stabil. 1432 erfolgte die erste „Anpassung" in Form einer Verdopplung des Frankenweinsatzes auf 4 fl.[76] 1442 war die Zinslast der Stadt so weit angewachsen, dass die Obrigkeit sich gezwungen sah, die Einnahmen zu erhöhen. Dies geschah in Form einer weiteren Weinakzise, dem sogenannten „Eimergeld", demzufolge von dem in der Stadt und in Wöhrd verkauften welschen Wein sechzig Pfennig pro Eimer, vom Landwein und Met immerhin noch dreißig Pfennig gezahlt werden sollten. Das Eimergeld erhöhte gleich im ersten Jahr das Ungeld von 13.000 auf 23.000 Pfund. In einer Weinsteuerreform schaffte man 1458 das Eimergeld wieder ab, erhöhte aber ersatzweise das Ungeld auf 6 fl pro Fuder. Man unterschied nur mehr einfachen Landwein und sogenannten schweren Wein. Umgerechnet auf das im Verkauf übliche Hohlmaß Eimer (73,7 Liter) betrug der neue Steuersatz 4 Pfund (lb) 6 Pfennige (dn). 1504 beschloss der Rat eine Anhebung um zwei auf acht Gulden, musste diese aber zwei Jahre später aufgrund von Klagen der Ungelter über mangelnde Akzeptanz wieder zurücknehmen.[77] Doch ab der Mitte des 16. Jahrhunderts befand sich das Ungeld im ungebremsten Höhenflug: 1540 lag der Eimer bereits bei 6 lb 24 dn, 1552 bei 11 lb 10 dn, 1564 bei 15 lb. Den Biertrinker erwischte es noch härter, wie die Tabelle zeigt:[78]

Jahr	Wein pro Eimer	Rotbier/ Eimer	Weißbier/ Eimer	Fremdbier/ Eimer
1546	6 lb 24 dn	1 lb 24 dn	1 lb 26 dn	2 lb 19 dn
1552	11 lb 10 dn	1 lb 24 dn	1 lb 26 dn	2 lb 19 dn
1564	15 lb	1 lb 24 dn	1 lb 26 ½ dn	4 lb 6 dn
1566	15 lb	1 lb 24 dn	3 lb 23 ½ dn	4 lb 6 dn
1568	15 lb	3 lb 2 dn	4 lb 21 ½ dn	5 lb 8 dn
1575	15 lb	4 lb 21 ½ dn	6 lb 24 ½ dn	7 lb 11 dn

Über die Entwicklung des Ungeldsatzes zwischen 1575 und dem Beginn des Dreißigjährigen Kriegs ist nichts überliefert. Bei den nachfolgenden Berechnungen wird er als stabil betrachtet. Im Februar 1636 kam zum eigentlichen Ungeld ein Kriegsaufschlag hinzu, der für den Eimer süßen Weins 2 fl, gewöhnlichen Weins und böhmischen Bieres 1 fl, einfachen Importbieres ½ fl und einheimischen Bieres ¼ fl betrug. 1692 folgte ein „Neuer Kriegsaufschlag des Getränkes", der sich für den Eimer Wein auf 1 fl, für Bier und Met auf 15 Kreuzer belief.

Die Stadtrechnungen verzeichnen Bier- und Weinungeld zunächst zusammengefasst. Die Getränkeabgabe hatte 1386 einen Anteil von knapp einem Viertel an den laufenden Einnahmen.[79] Bis 1460 deckte sie dann im Durchschnitt 30 % ab, zwischen 1469 und 1551 stieg die Quote sogar auf 40 %. Welches Konfliktpotential sich zwischen Bevölkerung und Obrigkeit durch diese ständig steigende Belastung aufgestaut hatte, mag ein Fall aus dem Jahr 1524 demonstrieren. Der Wöhrder Wirt Ulrich

Aberhan und der Tuchgeselle Hans von Nürnberg hatten es gewagt, öffentlich die populäre Forderung nach Abschaffung des Ungeldes zu stellen. Der Rat fürchtete einen um sich greifenden Aufruhr und griff unnachsichtig durch: Die beiden wurden wegen Aufwiegelei zum Tode verurteilt.[80] In der langen Periode von 1570 bis zum nahenden Ende der Reichsstadt 1794 verabschiedete sich die Getränkesteuer mehr und mehr von ihrer tragenden Rolle am Gesamthaushalt. Im Schnitt betrug sie noch 19,75 %, wobei eine recht kontinuierliche Abnahme von annähernd 30% auf schließlich 10% zu konstatieren ist. Immerhin wurde noch 1786, zwanzig Jahre vor dem Ende der alten Reichsstadt, diskutiert, das Ungeld auf die süßen Weine wieder einmal zu erhöhen. Treffen sollte es auch die Weine des im 18. Jahrhundert eingeführten ‚mittleren Ungelds' auf Champagner und *recente*, also trockene, französische Weine . Das Ungeldamt lehnte dieses Ansinnen mit der nachvollziehbaren Begründung ab, die zu erwartenden Mehreinnahmen seien sehr gering und *der noch nicht gestillte Verdruß über die Fortdauer der den Kriegskosten wegen eingeführten Aufschlägen fände bey der Bürgerschaft wieder neue Nahrung.*[81]

	Weinungeld (fl)	Bierungeld (fl)
1460	12.128	4.568
1470	14.485	9.396
1487/88	15.300	10.533
1490/91	14.411	13.489
1492	12.264	12.718
1500	27.606	12.795
1520	22.885	11.605
1530	18.726	14.774
1551	45.124	26.922
1552	53.946	29.408
1563	66.378	24.771
1565	70.513	31.910
1568	74.558	32.501
1570	58.546	47.867
1580	60.953	51.558

Die Abrechnung von 1460 wies Wein- und Bierungeld erstmals getrennt aus. Der Wein trug damals nahezu drei Viertel zum steuerlichen Aufkommen bei. Das Jahr 1470 sah die Einnahmen aus den beiden Getränken schon wesentlich ausgeglichener. Momentaufnahmen der erhaltenen Stadtrechnungen zeigen, dass sich bis 1568 ein Verhältnis von etwa 2:1 zwischen Wein und Bier eingespielt hatte.[82]

‚Ausreißer' aus dem recht einheitlichen Rahmen bilden die Zahlen für 1490/92, als sich die Ungeldeinnahmen aus beiden Getränkesorten fast anglichen und gleichzeitig sehr niedrig lagen. Das lässt schnell die Vermutung aufkommen, dass sich hier Wetterunbilden niedergeschlagen haben könnten. Und tatsächlich lag der letzte große Jahrgang 1484 damals schon sechs Jahre zurück. Ihm war eine Dekade unfruchtbarer Jahre mit strengen Wintern, Frühlingsfrösten und nassen, verhagelten Sommern gefolgt, die nicht nur wenige, sehr saure Trauben in die Keller einbringen ließen, sondern darüber hinaus eine Hungersnot auslösten. Als im Mai 1491 auch noch die Austriebe, die den strengen Winter überstanden hatten, erfroren, erreichte die Ernährungskrise ihren Höhepunkt. Die Getreidepreise waren so weit emporgeklettert, dass der Rat Brot backen und an die notleidende Bevölkerung verteilen ließ. Während der Bierpreis maßvoll stieg, zahlte man für die Maß Wein, die 1490 noch auf acht Pfennig festgesetzt worden war, 1491 bereits elf Pfennige. 1492 hatte die Teuerung zwar noch angehalten, im Laufe dieses Jahres entspannte sich die Situation aber zusehends.[83]

So weit zu den vom Menschen nicht zu beeinflussenden Faktoren. Im Gegensatz dazu standen häufige Steuererhöhungen seit 1540, die ebenfalls ihre Spuren hinterließen. Ab 1570 gingen die Ungeldeinnahmen für Wein empfindlich zurück, während gleichzeitig der Bieranteil stetig stieg. Die Entscheidung der Bürger, Bier oder Wein zu trinken, lag naturgemäß nicht nur in der Höhe der Abgaben begründet. Dennoch scheint es angesichts des sinkenden Wohlstands in dieser Zeit naheliegend, die Hinwendung zum Bier auch damit zu erklären, dass die preisliche Schmerzgrenze für Wein, dessen Steuer jeweils etwa drei- bis viermal so hoch wie für Bier lag, überschritten war. Nicht unerwähnt darf bleiben, dass die Dunkelziffer des am Fiskus vorbeigeführten Weines durch die verständlicherweise ungeliebte städtische Finanzpolitik erhöht worden sein dürfte.

Der Vollständigkeit halber sei erwähnt, dass im Nürnberger Landgebiet das Bierungeld bereits um 1620 das dortige Weinungeld vielfach überstieg, durchschnittlich 5.000 fl Erlös für den städtischen Haushalt standen gerade etwa 1.000 fl gegenüber.[84] Wir wollen uns allerdings mit diesen Zahlen nicht weiter beschäftigen, da sie gegenüber den innerstädtischen Einnahmen vernachlässigbar sind.

In der Stadt muss es um 1600 herum gewesen sein, als die Einnahmen aus dem Bierungeld das Weinungeld erstmals übertrafen. Für diesen Zeitraum liegen keine Zahlen vor, erst die Entwicklung von 1611 bis 1634 ist in den Stadtrechnungen wieder überliefert,[85] sie stellt sich als Graphik folgendermaßen dar:

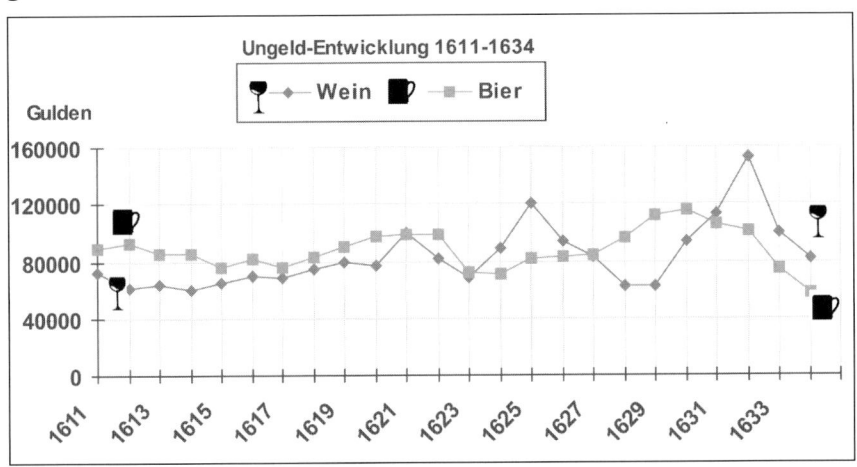

Ungeld-Entwicklung 1611-1634

Nach einer zunächst unauffälligen Periode lassen sich im Groben die Truppenverschiebungen des Dreißigjährigen Krieges in Franken ablesen. Als Innehalten einer langsam-stetigen Aufwärtsentwicklung des Weinungelds wirkten sich Einquartierungen bei Rothenburg, Windsheim und Kitzingen im Jahr 1619 aus, weil sie die Handelsrouten behinderten. 1621/22 sowie Ende 1624 zogen Truppen durch Nürnbergs Territorium, deren Versorgung die gestiegenen Ungeldeinnahmen dieser Jahre widerspiegeln dürfte. 1631 wandelte sich Franken vom Etappenort zum Kriegsschauplatz. Die Truppen Wallensteins hatten einen weiträumigen Ring um Nürnberg gezogen, der nur noch im Nordwesten (auf die fränkischen Weinbaugebiete hin) durch die verbündeten Schweden offengehalten wurde.[86] Sehr erfreulich für die Nürnberger bescherte der Jahrgang 1631 den so genannten „Schwedenwein", der sogar welschen Wein übertroffen haben soll und mit dem man sich ausweislich der städtischen Einnahmen reichlich eindeckte. So erreichten die Ungeldeinnahmen in der mit Fremden bevölkerten Stadt just zu dem Zeitpunkt ihren Höhepunkt, als der zweimonatige Stellungskrieg um die Alte Veste in Zirndorf 1632 seine Verheerungen in Franken anrichtete. Die sich aus den Kriegsfolgen ergebende dramatische Minderung der Ungeldeinnahmen (1631: 219.305 fl; 1635: 123.604 fl) veranlasste die Obrigkeit zu einem Kriegsaufschlag, dessen Rechnungsergebnisse seit seiner Einführung 1636 bis 1676 komplett erhalten geblieben sind:[87]

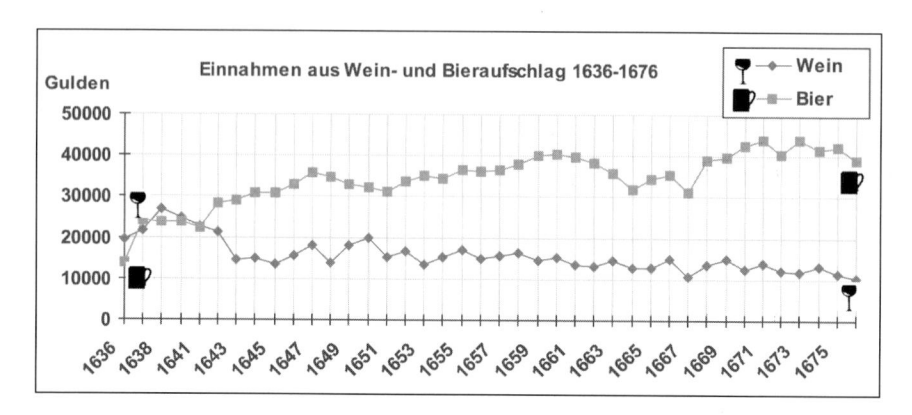

Einnahmen aus Wein- und Bieraufschlag 1636-1676

Die Graphik zeigt ein scherenartiges Auseinanderdriften der Einnahmen. Auf der einen Seite erkennen wir den drastischen Einbruch beim Wein in den letzten Jahren des Dreißigjährigen Krieges, der zwischen 1638 und 1645 einer Halbierung entsprach, gefolgt von einem allmählichen weiteren Rückgang. Genau umgekehrt verläuft die Kurve des Bierungeldes, das zwischen 1637 und 1647 um etwa die Hälfte zunahm, um dann langsam weiter zu steigen. Auch hier dürften Truppenverschiebungen den Konsumumschwung ausgelöst haben. Seit 1640 wurde durch das Vordrängen der Schweden von Norden und der Franzosen von Westen Franken zunehmend wieder Kriegsgebiet, wodurch die Herkunftsgebiete des Nürnberger Weins abgeschnitten waren. Schließlich hatte der Dreißigjährige Krieg neben den beklagenswerten Menschenverlusten eine auch finanziell ruinierte Stadt hinterlassen. Ihre Verschuldung war von 1,8 auf 7,5 Millionen Gulden geklettert.[88]

Gleichsam als Nebenwirkung war die immerhin einige Jahrhunderte während Ära des Weins in der Reichsstadt zerstört. Ironischerweise wurde das Ende dieses Krieges, der auch die fränkische Weinanbaufläche um etwa 85 Prozent reduziert hatte, mit Freiwein begossen. Nach Abschluss der Friedensverträge veranstaltete Pfalzgraf Karl Gustav, der spätere König von Schweden, am 25. September 1649 im Nürnberger Großen Rathaussaal ein Friedensmahl. Die angereisten weltlichen und geistlichen Fürsten, Grafen, Abgesandten und Ratsherren labten sich an einem sechsgängigen Menü, das von dem landesweit herrschenden Elend nichts spüren ließ. Ein Fenster des Saales zur Straße hin zierte ein hölzerner Löwe, der – wie es der Barockdichter Sigmund von Birken ausdrückte – *aus seinem Rachen in die sechs Stunden lang roten und weissen Wein unter das gemeine Stadt- und Landvolk sprützete. Da ware ein Lust zu sehen, wie sich der Pöbel hinzudrängete, nicht so sehr aus Durst, als weil ein jeder diesen Friedenswein nicht gekostet zu haben, für seine größte Unglückseligkeit hielte.*[89] Wie begeistert die leidgeprüfte Volksmenge das friedenskündende Nass auffing, illustriert ein zeitgenössischer Kupferstich. Welche Symbolkraft dem Rebensaft innewohnte, zeigen Interpretationen aus der herbeigeeilten Bürgerschaft, die Birken am Ran-

Der zeitgenössische Stich zeigt den weinspeienden Löwen anlässlich des Friedensmahls 1649 gemeinsam mit der begeistert herbei eilenden Volksmenge. Trinkgefäße, vor allem aber Hüte werden in die beiden Strahlen gehalten, um das wertvolle Nass aufzufangen. Besonders Findigen gelingt mittels Stangen ein enormer Standortvorteil.

de des Geschehens einfing. Manche sahen im roten Wein das vergossene Blut, das nun anfange, sich wieder in Wein zu verwandeln, für andere ergoss sich einfach der Wein der Freuden nach dem Weinen. Wieder anderen erschien der Löwe als Bild des Wohlstands, der aus seinen beiden Brüsten das Friedensöl springen ließ. Das Rot wurde als neu entbrennende Liebe der Herzen ausgedeutet, das Weiß entsprach wieder aufblühender deutscher Treue. Schließlich sah man in den beiden Farben Sinnbilder für die Blutschuld und den weiß-reinen Vorsatz der Besserung. Bei der Neuauflage des Friedensmahls zum 350-jährigen Jubiläum 1999 wäre diese gleichnishafte Geste an die Bevölkerung sicher positiv aufgenommen worden – der Löwe hätte jedenfalls im Fembohaus bereitgestanden.[90]

Die Faszination des Weines war somit ungebrochen. Die weitere Entwicklung lässt sich denn auch kaum anders interpretieren, als dass das Umschwenken von Wein auf Bier im 17. Jahrhundert keine Veränderung der Geschmackspräferenzen zur Ursache hatte, sondern eher einem Zusammenspiel der zunehmenden Armut mit der Zerstörung der Weinberge und der Handelswege im Verlauf des Dreißigjährigen Krieges zu ‚verdanken' sein dürfte. Noch einmal sei in diesem Zusammenhang auf den vorsichtigen Umgang mit den offiziellen städtischen Zahlen aufgrund des häufigen Deliktes der Steuerhinterziehung hingewiesen. Gerade in Kriegszeiten werden die Kontrollmechanismen gelitten haben.

Reizvoll erscheint nun natürlich die Umdeutung dieser Zahlen auf den Verbrauch in Nürnberg. Exakte Zahlen lassen sich zwar nicht gewinnen, da der dazu notwendige jeweils geltende Steuersatz nicht immer bekannt ist. Eine gewisse Streuung bringt zudem die unterschiedliche Besteuerung der einzelnen Wein- und Biersorten mit sich, da deren Anteile nicht genau quantifizierbar sind. Man darf jedoch aufgrund der Quellenlage als gesichert annehmen, dass die höher besteuerten Süßweine so rar waren, dass sie die Ungeldeinnahmen trotz ihrer hohen Sätze nur unwesentlich bereicherten. Die hier angestellten Berechnungen setzen sie mit etwa 4 % an. Unberücksichtigt bleibt dagegen der im Weinungeld eingerechnete geringe Anteil des germanischen Nationalgetränks Met. Beim Bier folgt die Berechnung einem Mittelwert aus den Sorten rot, weiß und auswärtig mit Schwerpunkt auf dem einheimischen Markt. Die erste Übersicht zum auf dieser Basis *geschätzten* Getränkekonsum umfasst sehr lückenhaft das 15. und 16. Jahrhundert, erstellt aus den wenigen Jahren, aus denen die Trennung des Wein- und Bierungeldes vorliegt.[91]

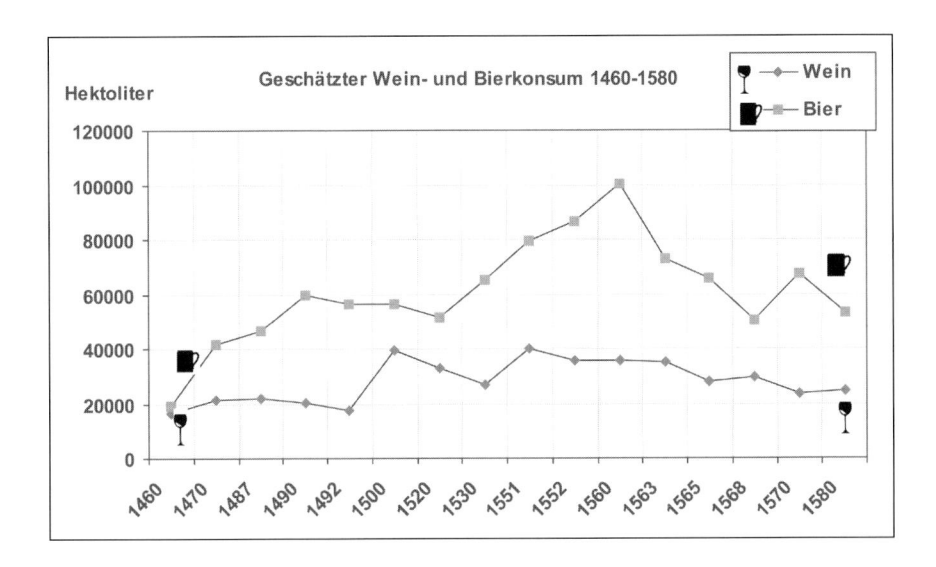

Hektoliter Geschätzter Wein- und Bierkonsum 1460-1580 — Wein / Bier

1460 liegt der Weinkonsum fast gleichauf mit dem Bier. Grob betrachtet entwickeln sich zwischen 1470 und 1551 Bier- und Weinkonsum in etwa parallel, was in dieser Form die Bevölkerungsentwicklung nachzeichnen dürfte. Kennt man die Hintergründe, vermögen selbst die Ausnahmejahre 1490-92 dieses Bild zu bestätigen: In diesen von Hungersnot und katastrophalen Weinjahrgängen geprägten Jahren waren die Nürnberger gezwungen, auf Bier auszuweichen. Der langsame Rückgang der Weinungeldeinnahmen ab 1552 dürfte auf zwei Ursachen zurückgehen. Zum einen wirkte sich die drastische Steuererhöhung aus. Außerdem litt man unter den Folgen des Zweiten Markgrafenkrieges von 1552/54, der schwere Verwüstungen besonders im Nürnberger Landgebiet anrichtete. Nürnberg war damals belagert, aber nicht eingenommen worden. Gleichwohl mag dieser Krieg den Anfang des Niedergangs der Stadt markieren. Die militärischen Ausgaben summierten sich zusammen mit den enormen Schäden auf etwa 4 Millionen fl, womit dem städtischen Haushalt ein so schwerer Schlag zugefügt worden war, dass er sich nie mehr richtig davon erholen konnte.[92] Unter Berücksichtigung dieser Verhältnisse kann das beharrliche Festhalten der Nürnberger am Wein nur verwundern. Nichtsdestoweniger lässt die Graphik ein Ausweichen auf das Ersatzgetränk Bier deutlich werden. Vor 1570 ging etwa ein Drittel der Verbrauchsmengen auf das Konto Wein, ab 1570 setzte die sogenannte „Kleine Eiszeit" ein, prompt sinkt in diesem Jahr die Quote auf etwa 25%.

In der wieder überlieferten Periode von 1611 bis 1634 beliefen sich die durchschnittlichen Ungeldeinnahmen aus Wein auf 83.082 fl und aus Bier auf 87.534 fl. Unter der Voraussetzung, dass die Ungeldsätze von 1575 noch Gültigkeit besaßen, ergibt sich daraus eine ‚Weinquote' von 27%. Ab 1636 kann sich die Berechnung des Getränkekonsums am Kriegsaufschlag orientieren. Als Beispieljahre mögen 1640 und 1650 dienen, da für sie zusätzlich die Aufspaltung der unterschiedlich veranschlagten Biersorten vorliegt.[93] 1640 betrug das Weinungeld 25.051 fl, unter Berücksichtigung des Süßweinaufschlags dürften sie etwa 24.000 Eimer Wein (17.688 hl) entsprechen. Vom auswärtigen Bier wurden 6.453 fl, vom hiesigen roten 11.749 fl und vom hiesigen weißen Bier 5.894 fl verzeichnet. Daraus ergeben sich etwa 80.000 Eimer (58.960 hl), was in beiden Fällen eine beachtliche Verminderung gegenüber den Vorkriegszeiten bedeutet. Der Weinanteil betrug somit 1640 immerhin noch 23 %. Die drastische Konsumumstellung von Wein auf Bier in Nürnberg lässt sich exakt auf eines der späten Kriegsjahre datieren: 1643 brach das Weinungeld um ein ganzes Drittel ein, erholte sich daraufhin zwar bis 1650 wieder etwas, sollte aber nie mehr die alten Werte erreichen. Wir dürfen daraus schließen, dass die Nürnberger trotz widriger Umstände wie hoher Besteuerung und zahlreicher unbefriedigender Jahrgänge dem Rebensaft so lange es irgend ging die Treue hielten. Mit einem Anteil von 15 % ging 1650 als letztes bedeutendes Weinjahr in die Annalen ein. Immerhin noch etwa 19.200 Eimern Wein (14.150 hl) standen 107.933 Eimer Bier (79.547 hl) gegenüber. 1676 erbrachte nur mehr 10.210 fl Wein-Kriegsaufschlag, der wegen des steigenden Süßweinanteils etwa 9.000 Eimern (6.633 hl) entsprochen haben dürfte, während Bier (unveränderte Sortenanteile vorausgesetzt) auf etwa 130.435 Eimer (95.609 hl) zugelegt hatte. Während der Weinkonsum kontinuierlich weiter sank, erreichte Bier um 1720 mit 114.493 hl einen einsamen Höhepunkt (Wein 1720: 2.406 hl), um dann, wenn auch in geringerem Ausmaß als bei Wein, bis zum Ende der Reichsstadtzeit zurückzugehen. 1795 tranken die stetig weniger gewordenen Nürnberger nur mehr 900 hl Wein und 53.496 hl Bier.[94] Der Anteil des Weines, der 1650 immerhin noch bei 15% gelegen hatte, war 1676 bereits auf 7% gesunken und lag 1795 schließlich bei verschwindend geringen 1,7%. Die folgende Graphik vermittelt einen Eindruck vom Verschwinden des Weines in Nürnberg, während der Siegeszug des Bieres auch durch die Einführung von Tee und Kaffee im 18. Jahrhundert nur langsam beeinträchtigt wurde.[95]

Geschätzter Wein- und Bierkonsum 1611-1795

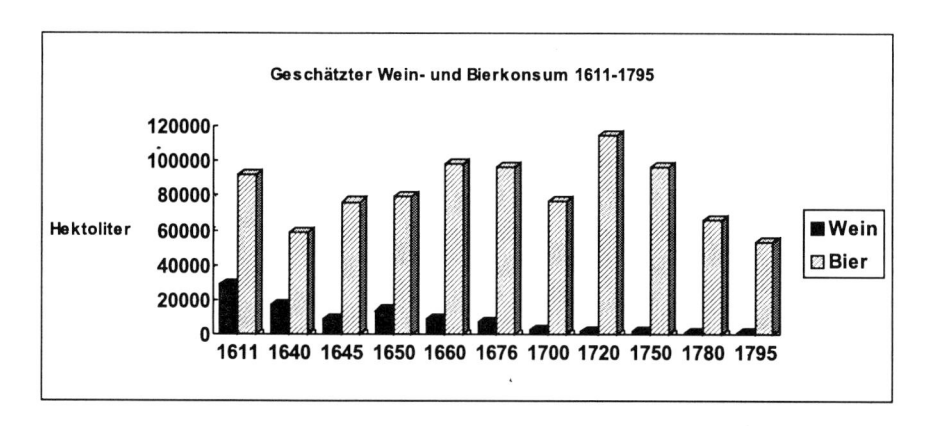

[Balkendiagramm: Hektoliter, Jahre 1611, 1640, 1645, 1650, 1660, 1676, 1700, 1720, 1750, 1780, 1795; Legende: Wein, Bier]

Die bisherigen Berechnungen dürften aufgrund der Quellenlage einigermaßen zuverlässig sein. Die bedeutsamste Fehlerquelle könnte in der Dunkelziffer des am Fiskus vorbeigeschleusten Weins liegen. Ihre Einbeziehung müsste rein spekulativ bleiben. Man sollte aber grundsätzlich die aus den Steuereinnahmen errechneten Angaben für Wein nur als unteren Grenzwert ansehen, der in Wahrheit um einen unbekannten Betrag erhöht werden müsste.

Absolute Zahlen über den gesamten städtischen Verbrauch lassen sich demnach noch vergleichsweise genau ermitteln. Sie besitzen aber nur begrenzte Aussagekraft, solange die Bevölkerungszahlen unberücksichtigt bleiben. Leider begeben wir uns im Falle Nürnbergs bei dieser Thematik auf sehr unsicheres Terrain. Zählungen von 1497 und 1622 beziehen sich auf Haushalte, lassen aber die Haushaltsgrößen offen. Für die Zeit der Reformation wird bereits mit 40.000 bis 50.000 Einwohnern gerechnet, bis zum Dreißigjährigen Krieg soll die Bevölkerungszahl weiter angewachsen sein, um danach kontinuierlich zurückzugehen, bis sie beim Übergang an Bayern 1806 die bei einer Volkszählung ermittelte Zahl von 25.126 Menschen erreicht hatte.[96] Die einzige konkrete Zahl des hier untersuchten Zeitraums stammt aus dem Jahr 1627, als der Rat 39.129 Einwohner auflistete. In diesem Jahr nahm die Stadt den durchaus als durchschnittlich zu bewertenden Betrag von 167.123 fl an Ungeld ein (vgl. Graphik „Ungeld-Entwicklung 1611-1634"). Auch dessen Aufteilung in 82.420 fl für Wein und 84.703 fl für Bier entspricht ziemlich exakt dem durchschnittlichen Verhältnis der Getränke zueinander zwischen 1611 und 1634. 1627 tobte der Dreißigjährige Krieg zwar bereits im zehnten Jahr, hatte aber weder Franken als Kriegsschauplatz noch Nürnberg als Flüchtlingslager erreicht. So eignet sich dieses Jahr bestens als Grundlage einer Rechnung, die „den Spieß umdreht", also versucht, aus dem besser überlieferten Ungeld die unbekannte Einwohnerzahl abzuleiten. Mit den bisherigen Vorgaben errechnet sich für 1627 ein Pro-Kopf-Verbrauch von 84,3 Litern Wein und 223,3 Litern Bier. Zusammen genommen tranken die 39.129 Nürnberger also 307,6 Liter an weichen Alkoholika; ein Wert, der klar über den für die oberdeutschen Reichsstädte angegebenen durchschnittlichen 250 Litern liegt. Der sich ergebende Tageskonsum von 0,84 Litern mag durchaus realistische Züge tragen, wenn man bedenkt, dass die Kinder bei der Volkszählung eingeschlossen sind. 1622 wurden 10.069 Haushalte gezählt. Legt man den Verbrauch von 1627 zugrunde, errechnen sich 43.611 Einwohner bzw. 4,4 Personen auf einen Haushalt, was ebenfalls realistisch erscheint.

Wenn wir das Gesamtvolumen von 307,6 Litern an Bier und Wein unabhängig von deren wechselnden Anteilen als gleichbleibend voraussetzen, lässt sich ein Überblick über die Entwicklung der Bevölkerungszahl während der frühen Neuzeit erstellen. Für 1470, ein Jahr, in dem relativ wenig Ungeld einging, ergäbe sich eine Einwohnerzahl von etwa 20.400. In Nürnbergs glanzvollster Epoche, die Schlagworte wie Dürerzeit, Humanismus und Reformation charakterisieren, wäre die Bevölkerung bis 1551 auf 38.800 Einwohner angewachsen. 1560 bildete mit 44.200 Menschen einen Rekordstand und eine Zäsur. Die sechziger Jahre des 16. Jahrhunderts brächten deutliche Einbußen bis auf etwa 30.000, 1580 sogar nur noch 25.000 Personen. Bis 1611 hätte sich die Einwohnerzahl wieder auf 39.300 erholt. Der Dreißigjährige Krieg verbunden mit den in seinem Gefolge auftretenden Pestepidemien dezimierte die Bevölkerung stark, 1640 wären noch 24.900 Menschen und 1650 wieder 28.100 in der Stadt. In den siebziger Jahren hätte sich die Bevölkerungszahl wieder auf 36.000 Personen erholt. Eine Fortsetzung dieser Rechnung über das 17. Jahrhundert hinaus macht keinen Sinn, da Tee und Kaffee mit Sicherheit die Trinkgewohnheiten stark veränderten. Diese Zahlen dürfen gewiss nicht für bare Münze genommen werden, aber sie zeichnen Entwicklungslinien, die in wesentlichen Zügen die bisherigen Forschungen zur Bevölkerungsentwicklung stützen. Nicht bestätigen lassen sich hingegen Schätzungen, die in Nürnberg in der Frühen Neuzeit über 50.000 Einwohner sehen. Interessant erscheint auch die bisher nicht ins Kalkül gezogene Bevölkerungszunahme in der Mitte des 17. Jahrhunderts. Hier ließe sich einwenden, dass die steigenden Ungeldeinnahmen auf der Konsolidierung der durch die Kriegswirren zusammengebrochenen obrigkeitlichen Verwaltung beruhen könnten. Auch wenn dieses Argument nicht von der Hand zu weisen ist, erscheint es insofern wenig plausibel, als das Wachstum bereits in den letzten Jahren des Dreißigjährigen Krieges einsetzte. Der Rückgang auf die gezählten 25.126 Personen bis 1806 dürfte demnach erst im 18. Jahrhundert stattgefunden haben.

Langer Donnerstag: Der Weinmarkt

> Und sucht ein Mann in hundert Königreichen,
> Doch findet er des Weinmarkts nirgends gleichen.
> (Hans Rosenplüt: Lobspruch auf Nürnberg 1447)

Der städtische Weinhandel musste ausschließlich auf dem Weinmarkt stattfinden.[97] Genau wie beim ergänzenden Verbot des Einkaufs vor der Stadt stand für diese Regelung deutlich die Angst vor Steuerhinterziehung Pate. Nach dem Milchmarkt (heute Albrecht-Dürer-Platz) ist der Weinmarkt der älteste Nürnberger Marktplatz. 1265 wird er als *forum vini* zur Lokalisierung des Augustinerklosters erstmals erwähnt.[98] Früh schon muss der Nürnberger Weinmarkt eine herausragende Rolle gespielt haben, denn der Handwerkerdichter Hans Rosenplüt zieht ihn 1447 als einen der Gründe heran, weswegen Nürnberg ein Platz unter den bedeutendsten Städten der Welt gebühre. Er präsentiert das dortige Treiben in seinem Lobspruch sogar als einzigartige Sensation: *Noch fint man dor inen auf karren und auf wegen / auf truckem land ein solchen marck mit wein / der alle wochen kumpt auf den freitag hinein / vnd sucht ein man in hunderdt kunikreichen / noch fint er des wein marcks nyndert gleichen.*[99] Rosenplüts Huldigungsgedicht an Nürnberg begründete übrigens die Literaturgattung des deutschen Städtelobs.

Nur wer sich wandelt, bleibt sich treu. Das gilt auch für den Weinmarkt. Das städtische Regularium von den ersten erhaltenen Satzungsbüchern zu Anfang des 14. Jahrhunderts bis zur einschlägigen Ordnung von 1612 blieb zwar im Grundsatz erhalten, war aber auch mehrfachen, nicht immer zeitlich eingrenzbaren Änderungen und Ergänzungen unterworfen. Einzelne Vorschriften hatten nur begrenzte Gültigkeit, manche widersprechen sich sogar. Markttag war Donnerstag, im Lauf der Zeit wurde der Handel auf den Freitag vormittag ausgedehnt. Der Weinmarkt lag verkehrstechnisch günstig hinter dem Neutor, denn hier endete die für den Weinhandel dominierende Handelsstraße Frankfurt-Würzburg-Nürnberg. In dem angrenzenden Viertel wies Nürnberg denn auch seine größte Gasthausdichte auf. Der heute Weinmarkt genannte Platz markiert nur den nördlichen Abschluss eines früher wesentlich ausgedehnteren Areals. Von seinem Ursprung im Bereich des Wirtshauses „Goldene Gans" (heute

Winklerstraße 15) und Waagamt (Winklerstr. 22/Ecke Waaggasse, zugleich Sitz der Herrentrinkstube) ausgehend, dehnte sich der Weinmarkt aus – immer weiter die Winklerstraße hinauf und die Karlstraße wieder hinunter. 1526 schreckte man schließlich nicht mehr davor zurück, für den Rheinweinverkauf eine Einfahrt auf den Sebalder Kirchhof zu bauen, die Grabsteine zusammenzurücken, zu pflastern und den Schwibbogen zur Moritzkapelle hin abzubrechen.[100] Den Händlern war auferlegt, die Hauseingänge zugänglich und die Straßen frei befahrbar zu halten. Zeitweise drängten sich mehr als hundert Wägen[101] auf dem Markt, dem Durcheinander begegnete der Rat mit Aufstellungsvorgaben für die einzelnen Sorten. Sie lassen zugleich das Ausmaß des Marktes deutlich werden. 1560 hatten die rheinischen, Elsässer, Rheingauer, Wormser und Pfeddersheimer Weine ihren Stand an der Sebalduskirche; Neckar, Bergstraße und

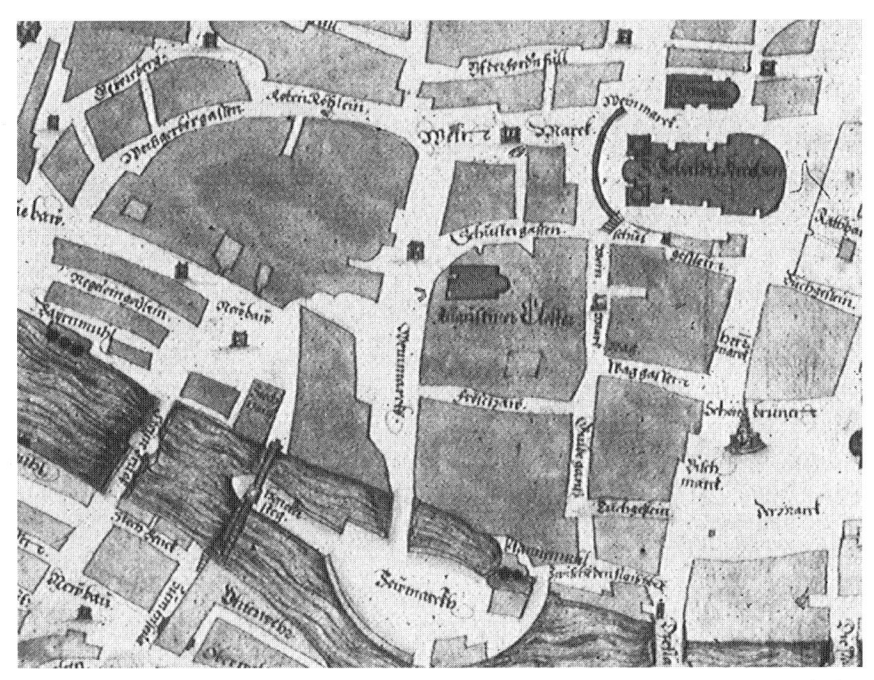

Die Detailansicht aus dem großformatigen Kartenwerk des Nürnberger Patriziers Paul Pfinzing von 1594 offenbart das ehemalige Ausmaß des Weinmarkts. Die Bezeichnung *Weinmarck* ersetzen heute Sebalder Platz, Weinmarkt, Winklerstraße und Karlstraße. Die Enge dieser Straßenzüge veranlasste wenige Jahre darauf – 1611 – den Umzug an den benachbarten Neuen Bau (Maxplatz).

Miltenberger lagen auf dem Kirchhof an der Moritzkapelle; Königsberger unterhalb der Kirche; Tauber, Forchheimer und Landweine vor dem Starkschen Haus (Weinmarkt 37) bis zum Brunnen am heutigen Weinmarkt. Von dort reihten sich die Frankenweinhändler auf beiden Seiten der heutigen Karlstraße hinunter bis zum Säumarkt (heute Trödelmarkt).[102] Auch diese Straßenzüge erwiesen sich als nicht ausreichend. 1611 reagierte man schließlich mit einer Verlegung in Richtung des wesentlich geräumigeren Areals um den „Neuen Bau". Die Bezeichnung stand für das „Neubaugebiet" der Sebalder Altstadt am heutigen Maxplatz. Die daraufhin *Verneuerte Ordnung am Weinmarckt* von 1612 platzierte die Wägen mit den „besseren" Weißweinen in zwei Zeilen *von Niclaus Cordiers Hauß, neben dem Ochsenfelder, da ein Weinstock stehet* (Weintraubengasse – die Straße nennt sich nach dem Wirtshaus „Beim Weinträublein") bis zur Alten Findel (Ecke Maxplatz/Weißgerbergasse). Die „einfacheren" Kreszenzen von Franken und Neckar bezogen die Weißgerbergasse bis zum Hallertor. Für den Branntwein war nach wie vor das *Huetheußlein*, also das Aufsichtshäuschen der Marktbediensteten, reserviert. Auch Federweißer wurde feilgeboten, als *neuen Wein* bezeichnet fand man ihn jenseits der Pegnitz: von der *Steinen Brucken hinüber auff dem platz bey der Neuen Mang, vnnd fürter hinauff gegen dem Breuhauß* (Maxbrücke/Unschlittplatz/Karl-Grillenberger Straße).

Zeitgenössische Schilderungen des Geschehens lassen an die Lebendigkeit und Geräuschkulisse orientalischer Basare denken. Nach der erwähnten Weinmarktordnung von 1612 war es üblich, dass schon vor Beginn des Marktes *Gröppner* (Auflader, die auch als Makler tätig waren) und einige Wirte den Händlern entgegenliefen, um die besten Weine auszukundschaften, Proben mitnahmen und sogar beim Fälschen halfen. Wenn die Kieser am Markt ihre Runde machten, folgten ihnen die Händler *auff der socken* und probierten bei der Konkurrenz mit, was zu ständigen Streitereien führte, weil *ieder den besten Wein zu haben vermeint*. Um das abzustellen, sollten die Händler bei ihren Wägen bleiben. Auch sorgte man sich um Qualität und Sauberkeit des Weines, da Amtsleute und *sonstige zum Theil mit abscheulichen kranckheiten* behaftete Personen mit *genßpeinen, federkielen, rhörlein und andern Instrumenten* an den Fässern saugten und Flüssigkeit wieder zurücklaufen ließen.

Wenig verwunderlich angesichts des herrschenden Chaos wiederholen die Satzungsbücher gebetsmühlenartig das vorgeschriebene Procedere.[103] Die Händler mussten den Wein direkt vom Wagen, auf dem er eingeführt wurde, verkaufen, das Herunterholen der Fässer war nicht erlaubt. Wie erwähnt, blieb jegliches Verladen der Fässer den Schrötern vorbehalten. Eine Ausnahme galt zeitweise allerdings für die wertvolleren elsässischen oder welschen Gewächse, die vom Wagen abgelegt werden durften. Angebotener Wein musste anfangs in der Stadt verkauft werden, später durften nicht verkaufte Weine wieder exportiert werden. Kauf oder Verkauf ohne vorheriges Visieren war natürlich nicht erlaubt. Wie für einige andere Wirtschaftsgüter galt auch für Wein das Verbot des Kaufs auf Vorrat („Fürkauf"). Diese Vorschrift richtete sich in erster Linie gegen Spekulanten, aber auch gegen einen anderen Missbrauch. Etliche Marktführer hatten nämlich Wein gekauft, um ihn verfälscht wieder in Umlauf zu

Zu Johann Adam Delsenbachs Lebzeiten hatte der Weinmarkt seine große Ära längst hinter sich, die Vergangenheitsform bringt schon der Titel des Blattes *Der alte Wein-Marckt zu Nürnberg* zum Ausdruck. Trotzdem zählt sein Prospekt von 1725 zu den ältesten Ansichten des von stattlichen Anwesen eingerahmten Platzes. Immerhin spielt sich im Vordergrund noch eine recht lebendige Handelsszene ab, zu deren Requisiten ein paar Fässer gehören. P.S.: Schauen Sie doch auch einmal nach rechts unten!

bringen.[104] Als findige Bürger bei geschäftstüchtigen Geistlichen ihren Bedarf steuerfrei einkauften, drohten die Stadtoberen mit Zwangsmaßnahmen gegen den Klerus.[105]

Das strenge Reglement auf dem Nürnberger Umschlagplatz mag gemeinsam mit den hier besonders scharf überwachten Reinheitsvorschriften dafür verantwortlich sein, dass sich im Laufe des 16. Jahrhunderts mit hier nicht verkauften Fässern neue Weinmärkte in Neumarkt und Amberg etablierten.

Die wertvollen schweren Weine mussten aus Sicherheitsgründen separiert werden. Für sie bestand im Keller unter dem Gewandhaus (später Tuchhaus) seit 1432 eine eigene Weinniederlage, die der Stadt den Einnahmetitel „Hausgeld schwerer Weine" bescherte. Als ältestes Rathaus Nürnbergs war dieses Gebäude an der Tuchgasse 1 auch sonst nicht ganz unbedeutend. Es wurde 1569/70 wegen Baufälligkeit abgebrochen.

1538 ordnete der Nürnberger Rat die allgemeine Weinniederlage an.[106] Als Lager für nicht verkaufte bzw. nicht in Nürnberg gehandelte Fässer dienten im Laufe der Zeit unterschiedliche Gebäude in der Stadt, die von einem eigenen Niederlagamt betreut wurden. Der nördlich des Hauses Weinmarkt 11 gelegene „Herrenkeller" (später „Leistenkeller") wurde nach 1491 errichtet und erfüllte seine Funktion bis ins 19. Jahrhundert hinein.[107] Später ebenfalls als „Herrenkeller" bezeichnet wurde das Untergeschoss der 1498/1502 erbauten Mauthalle. Sie hieß damals „Kornhaus bei St. Lorenz", Getreide war dort allerdings nur auf dem Speicher in sechs übereinander liegenden Dachgeschossen gelagert worden. Die riesigen Kellerräume hatten innerhalb des Gebäudes keine Verbindung zu den anderen Geschossen, sie waren ausschließlich durch einen Tunnel im Osten unter der Königstraße erreichbar.[108] 1512, wenige Jahre nach der Eröffnung, betrugen die Vorräte im damaligen „städtischen Weinkeller bei St. Klara" immerhin bereits 2.166 Eimer.[109] Am bekanntesten ist freilich der Weinstadel am Maxplatz 8, wo die Funktion namenstiftend war. Sein Erdgeschoss beherbergte seit ca. 1571 die städtische Weinniederlage. Der imposante Bau war 1446/48 errichtet worden, um den Leprakranken während der „Sondersiechenschau" in der Karwoche für drei Tage Unterkunft zu gewähren. Schon 1468 hatte der Rat den Patriziern Wilhelm Derrer und Hieronymus Kreß erlaubt, ihre Weine während der kalten Jahreszeit vorübergehend in das sonst leerstehende Gebäude zu legen. Auch dem gegenüber liegenden Gasthof Ochsenfelder wurde es als Vorratsraum zeitweise überlassen. Seine endgültige Bestimmung als zentrales Weinla-

Johann Philipp Walther malte dieses stimmungsvolle Aquarell des Weinstadels im Jahr 1861. Er erfasste damit das Gebäude in etwa zu dem Zeitpunkt, als es seine über annähernd drei Jahrhunderte ausgeübte Funktion als Weinniederlage verlor.

ger, die es bis zur Mitte des 19. Jahrhunderts erfüllte, erhielt der Weinstadel erst 1611. Als sich anlässlich des in Nürnberg stattfindenden Kurfürstentages zahlreiche auswärtige Würdenträger als Gäste ankündigten, bemühte sich die Stadt um ein möglichst vorteilhaftes Erscheinungsbild. So beschloss man u.a., die seit der Reformation profan als Weinlager genutzte, leicht verwahrloste Moritzkapelle zu renovieren und die Fässer in das vormalige Siechenhaus zu schaffen.[110] Von den Händlern beauftragte Amtsleute verkauften hier am Markt übrig gebliebene Fässlein und Kandeln. Den Bediensteten stand dafür die so genannte Unterkaufsgebühr zu.[111] Ihre Einnahmen rechneten sie vierteljährlich mit dem Losungsamt ab, das Lagerbuch mit Zu- und Abgängen legten sie jeden Samstag dem Ungeldamt, dem sie unterstanden, vor. Die Dienststelle war auf diese Weise laufend informiert, wer sich mit wieviel Wein in der Stadt sowie in den Vorstädten Wöhrd und Gostenhof steuerpflichtig gemacht hatte.[112]

Beendet wurde das rege Treiben am Weinmarkt durch den Dreißigjährigen Krieg. Eine Verordnung aus dieser Zeit spricht von nur mehr kleinen Fässlein, die auf Schubkarren hergebracht werden und beklagt gleichzeitig tätliche Übergriffe auf die ungeldeintreibenden Stadtknechte.[113] Armut und gesunkene Bevölkerungszahlen hatten die Nachfrage stark dezimiert, die verschlechterten Ernten aufgrund der klimatischen Abkühlung taten ein Übriges. Der öffentliche Handel auf dem Weinmarkt versiegte, die letzte Weinmarktordnung datiert aus dem Jahr 1657.[114] Mit der Konsumumstellung auf Bier, Tee und Kaffee hatte sich die Einrichtung überlebt.

Nicht nur „Pfeffersäcke": Der Weinhandel

> Seit Mond und Venus ihre Bahnen gehen, hat man was Bessres nicht als Wein gesehen.
> Mich wundert nur, dass jemand Wein verkauft.Was kann er Bessres denn dafür erstehn?
> (anonym)

Nachdem die kümmerlichen Ergebnisse des Eigenbaus in keiner Weise geeignet waren, die quantitativen und qualitativen Ansprüche der Nürnberger zu befriedigen, war die städtische Bevölkerung von vorneherein auf die großen Weinanbaugebiete an Main, Neckar und Rhein angewiesen. Das Abhängigkeitsverhältnis beruhte auf Gegenseitigkeit, denn die vielen kleinen Weinbauern vermochten ohne den Absatz in den großen Städten nicht zu überleben. Die Verteilung aus diesen klimatisch begünstigten Regionen setzte funktionierende Transportwege voraus. Der Wein gehörte zu den wichtigsten Massengütern, die das Hoch- und Spätmittelalter kannte. Er wurde auf den Flüssen über weite Strecken hinweg verschifft. Klugerweise kauften die Nürnberger nicht nur Wein, sondern auch Weinberge. Schon 1234 nannten die Patrizierfamilien Ebner, Forchtel und Holzschuher Reben bei Würzburg ihr eigen, die per Stiftungen auch dem Deutschen Orden in Würzburg zugute kamen.[115] Eines stattlichen Weinbergsbesitzes von 435 Morgen in Iphofen erfreute sich das Nürnberger Egidienkloster. Für Durchschnittsjahre hatte man dafür einen Zehnt von 13 Fudern veranschlagt.[116] Nicht ganz so gute Lagen besaß das Heilig-Geist-Spital am Spalter Keilberg, die aber immerhin noch ein Fuder einbrachten.[117]

Der Nürnberger Handel erlangte seine Bedeutung über ein Netz von Zollfreiheiten, das 1332 bereits 69 Städte umfasste. Lässt man die Namen dieser überwiegend westlich Nürnbergs gelegenen Städte Revue passieren, liest sich die Liste wie ein Who's who der Weinwelt. Den Main decken Würzburg und die Messestadt Frankfurt ab, den Neckar Heilbronn, Wimpfen und Mosbach, am Rhein sind Straßburg, Speyer, Worms, Oppenheim, Mainz, Koblenz sowie das Rheinweinhandelszentrum Köln vertreten, an der Mosel Trier. In Lothringen wurde St. Mihiel wahrscheinlich als Etappenort auf dem Weg in die Champagne ausgewählt, wo im 13. Jahrhundert die Messen in hoher Blüte standen.[118] Auffällig ist das Fehlen von Verbindungen nach Süden, wo außer dem damals vergleichsweise unbedeutenden München kein Ort genannt wird. Insbesondere vermisst man die Reichsstadt Ulm, die den vermutlich größten süddeutschen Weinmarkt

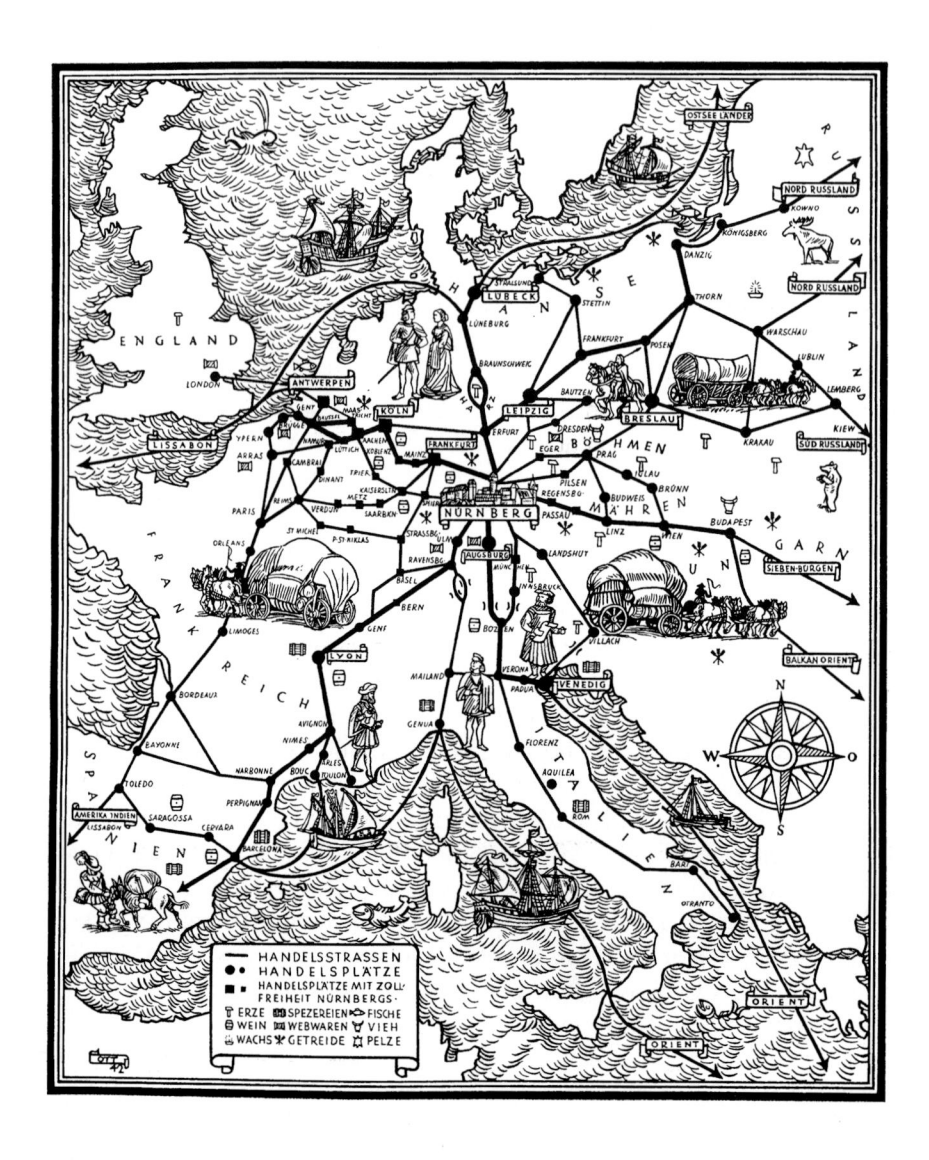

Zahlreiche den Weinhandel repräsentierende Fässer finden sich auf dieser Übersichtskarte der Nürnberger Fernhandelsstraßen. Die Routen zum Rhein und die Wege der teueren Kreszenzen aus Italien und Spanien lassen sich auf dieser Karte gut verfolgen.

beherbergte. Weder mit Ulm noch den anderen schwäbischen Handelsstädten Augsburg, Ravensburg und Konstanz gelang es der Reichsstadt Nürnberg, Freihandelsabkommen abzuschließen. Für den Weinhandel wären solche Privilegien freilich kaum bedeutsam gewesen. Der Ulmer Umschlagplatz war für Nürnberg zu abgelegen. Zudem unterschied er sich strukturell kaum vom Nürnberger, nur führte er als Standardware statt Franken- die Neckarweine, die Ulm aus der regionalen Weinhandelsstadt Esslingen besorgte.[119] Die Nürnberger bezogen ihre Neckarweine dagegen aus dem Unterland, immer wieder erwähnt werden Heilbronn, Wimpfen und Mosbach. Für die in Ulm gut vertretenen hochwertigen deutschen Sorten Elsässer, Baden- und Rheinwein bestand über den Main ebenfalls eine günstigere Verbindung auf dem Wasserweg.

Nun soll hier keineswegs der Eindruck erweckt werden, dass die angeführten Handelsbeziehungen nur oder hauptsächlich des Weines wegen aufgebaut wurden; der Metall- und Tuchwarenhandel spielte sicher die vordringlichere Rolle. Fakt ist aber, dass die volkreichste Stadt Frankens Hauptabnehmer der Frankenweine war. Und etwa ab der Mitte des 14. Jahrhunderts scheint Nürnberg darüber hinaus die Nachfolge Würzburgs als Frankenwein-Exportzentrum angetreten zu haben. Die Ursachen dieser überraschend scheinenden Entwicklung sind in den Auseinandersetzungen zwischen Bürgern und Bischof in Würzburg zu suchen. Diese eskalierten im 14. Jahrhundert derart, dass viele Kaufleute aus Würzburg in

Der Weintransport fand so weit als möglich auf den Flüssen statt. Beschwerlich war hierbei vor allem das Be- und Entladen der Schiffe. In dieser Szene beschlagnahmen Haßfurter Bürger die Ladung eines bambergischen Weinfrachters. Fünf Männer besorgen ziehend und schiebend das Ausladen der Fässer auf das Mainufer. Ein Seil dient ihnen als Hilfsmittel. Die Miniatur, die eine Begebenheit aus dem Jahr 1463 illustrieren soll, ist der Würzburger Bischofschronik des Lorenz Fries entnommen.

die benachbarten Reichsstädte abwanderten, wo sie sich bessere Perspektiven erhofften. 1397 hatte der Würzburger Bischof Gerhard von Schwarzburg mit Genehmigung König Wenzels die Zölle in seinem Herrschaftsgebiet drastisch erhöht. Für die Ausfuhr eines Fuders Wein war ein rheinischer Gulden zu entrichten. Dieser sogenannte „Guldenzoll" löste einen Krieg der hochstiftischen Städte gegen den Bischof aus. Die vernichtende Niederlage der Würzburger gegen die Truppen des Bischofs im Jahr 1400 begrub den Traum von deren Reichsfreiheit endgültig und leitete einen wirtschaftlichen und bevölkerungsmäßigen Abstieg der fränkischen Weinmetropole ein. Der zeitgenössische Dichter Bernhard von Uissigheim führte in seinem Reimgedicht „Vom Würzburger Städtekrieg" die Aufstände der Würzburger neben deren angeblicher Charakterlosigkeit übrigens darauf zurück, dass sie sich ständig am guten Frankenwein betranken.[120] Letztendlich war alles umsonst und außer Spesen nichts gewesen – der Guldenzoll blieb bestehen, woran auch energische Proteste der Reichsstadt Nürnberg als Hauptbetroffener nichts zu ändern vermochten.[121]

Wie hat man sich die Überführung konkret vorzustellen? Die Frankenwein-Fässer wurden per Schiff nach Bamberg und von dort auf Fuhrwerken nach Nürnberg transportiert. Ein typisches Main-Frachtboot des Spätmittelalters zeigt eine Miniatur aus der Würzburger Bischofschronik des Lorenz Fries. Stromaufwärts zogen Pferde oder Ochsen die Lastkähne auf den Treidelwegen am Ufer entlang. In Nürnberg landeten die Fässer entweder in einem Weinkeller oder sie gingen in den Export. Die bekannte Drehscheibenfunktion der Stadt sorgte für ihre Weiterverteilung (wie auch der Süßweine) nach Norden, Süden (über Nördlingen nach Augsburg) und Osten (über Regensburg nach Niederbayern). Beteiligt war Nürnberg schließlich an der Verbreitung von Franken- und Elsässerwein nach Böhmen. Zumindest den Frankenweinen blieb der böhmische Markt allerdings bald verschlossen, da Kaiser Karl IV. 1370/73 Importverbote zu Gunsten der einheimischen Produktion erließ.[122] Der Bedeutung des Nürnberger Weinmarkts war man sich dabei am königlichen Hof durchaus bewusst: Karls Sohn und Nachfolger Wenzel schätzte seine Qualitäten so hoch ein, dass er die Reichsstadt gegen die Lieferung von vier Fudern Bacharacher Weins aller Verpflichtungen gegen ihn entband.[123] So mag neben den politischen Gründen auch die geographisch günstigere Lage für die Verlagerung des Weinhandels von Würzburg nach Nürnberg gesprochen haben. Die Bischofsstadt wäre nur in westlicher Richtung mainabwärts privilegiert gewesen, doch ließ sich diese Richtung anscheinend nie ausschöpfen. Das

Bessere ist der Feind des Guten – die begehrteste und verbreitetste Sorte auf dem Frankfurter Markt war der Elsässer. Die Premiere des Frankenweins in der Messestadt fand offenbar überhaupt erst 1395 statt, er blieb dort auch nachher unbedeutend.[124]

Die Nürnberger Kaufleute nutzten ihre Verbindungen zum Warenaustausch. Sie lieferten Eisen und Kupfer in das Elsass, auf der Rückreise trugen die Wägen Wein. In Straßburg finden sich 1450 ebenso wie 1521 in Schlettstadt Eintragungen in den Kaufhausbüchern über regelmäßige Weinausfuhren nach Nürnberg. 1411 musste sich die Reichsstadt für einen ihrer Bürger wegen der bestehenden Zollfreiheit in Sachen Wein verwenden, 1435 schuldeten zwei Nürnberger Kaufleute Weinstichern aus Kaysersberg Geld. 1529 kam es zu Zollstreitigkeiten, als sich der Nürnberger Hans Streit beklagte, in Andlau gekauften Wein in Straßburg verzollen zu müssen.[125] In den Norden schafften Nürnberger Kaufleute südländische, Elsässer und Südtiroler Weine über Hof und das Vogtland auf den Weinmarkt nach Leipzig, aber auch in die sächsischen Bergstädte Zwickau und Annaberg. Die Kaufmannsfamilie Halbwachs versorgte Chemnitz, Bautzen, Görlitz, Lauban und darüber hinaus noch Schlesien mit hochwertigem Rebensaft.[126] Den Handel mit dem Nordosten teilte sich Nürnberg mit Frankfurt, das als zentraler Umschlagplatz für Rhein- und Elsässerweine in Süddeutschland fungierte und zur bevorzugten Einkaufsstadt hochwertiger Weine nicht zuletzt für die Nürnberger aufstieg. Auf dieser Route tauchten kurzfristig wieder Zollstreitigkeiten auf. Markgraf Kasimir von Brandenburg-Ansbach, dessen Herrschaftsgebiet Nürnberg umschloss, setzte dem traditionell schlechten Verhältnis zur Reichsstadt die Krone auf, als er 1518 einen Wegezoll von einem halben Gulden pro Fuder verlangte. Die dieses Mal auf höchster Ebene vorgebrachten Beschwerden Nürnbergs zeitigten mehr Erfolg als im Streit um den Würzburger Guldenzoll. Karl V. hob 1522 die kaiserliche Genehmigung zur Erhebung des Weinzolls wieder auf.[127]

Im Südosten spielte die Bischofsstadt Passau, mit der ebenfalls seit 1219 Zollfreiheit bestand, ihre Rolle als Umschlagplatz für die ‚Osterweine', wie man die Weine aus Österreich nannte. Im Normalfall gelangten die Osterweine nicht über Regensburg hinaus. Heinrich Deichsler schreibt in seiner Chronik, dass 1435 der Wein in Franken verdorben war, weswegen die Nürnberger in diesem Ausnahmejahr auf österreichische Weine zurückgriffen.[128] Wichtiger waren für den Weinhandel die Verbindungen nach Süden. Hier weckte schon der wertvolle welsche Wein aus Südtirol

Wer Wein liebt, wird nicht reich. Wer ihn verkauft schon. Letzteres legen zumindest diverse Porträts Nürnberger Weinhändler nahe. Als Beispiel herausgegriffen sei *der erbar und fürnehme Leonhard Pow* (1598-1670), ein Augenzeuge des Dreißigjährigen Krieges. Das Wappen ziert ein Weinstock.

Begehrlichkeiten. Wichtigstes Ziel in Italien war Venedig, wo Nürnberg ohnehin eine führende Position innehatte.[129] Im Austausch gegen „Nürnberger Spezereien" und Leinwand bezog man aus der Lagunenstadt Orientwaren und Südfrüchte. Eine genaue Warenschau ist nicht bekannt, aber der hochgeschätzte Malvasier wird in der Regel hier die Reise nach Norden angetreten haben. Leere Wägen ließen sich bei Bedarf noch im Weinland Friaul, das man auf dem Heimweg durchquerte, auffüllen. Auch hier kennen wir keine Warenströme, doch ist kaum vorstellbar, dass die in Treviso und Conegliano erwähnten Nürnberger[130] nichts mit dem um sie herum wachsenden Wein anfangen konnten.

Auf welchen Wegen kamen die Südweine über die Alpen? Von den oberitalienischen Seen führte eine Route über die Bündner Pässe, Augsburg und Nördlingen, von wo aus auch die Frankfurter Messen versorgt wurden. Die zweite „Weinstraße" verlief über Innsbruck und Mittenwald nach München, die dritte salzachabwärts nach Salzburg und von dort nach Regensburg (auf dem Landweg über Landshut oder auf dem Wasserweg innabwärts und donauaufwärts). Der Warentransport über die Berge erfolgte mit Pferden im sogenannten Saumhandel. Auf den Säumerpfaden waren meist Karawanen von 20 bis 30 mit kleinen Fässern beladenen Pferden unterwegs. Die paarweise angebundenen Saumsattelfässer bezeichnete man meist als Lageln bzw. Lägeln. Als im 17. Jahrhundert die Nachfrage nach italienischen Weinen schwand, versiegte der Saumhandel allmählich.[131] In Nürnberg angekommen wurden die Weine nach Thüringen und Sachsen weiter verteilt.[132] Weine aus dem Süden gelangten aber auch von Norden nach Nürnberg. Dies galt für die französischen und spanischen Erzeugnisse, die von der Hanse auf dem Wasserweg nach Deutschland importiert wurden. Die Stadt Erfurt bildete das Bindeglied, wo der Warenaustausch stattfand. Der Wein gehörte damit zu den wenigen Handelsartikeln, deren Transport nicht nur eine Richtung kannte, sondern die sich auf ihren Wegen kreuzten.[133]

Dass dieser Fernhandel ein einträgliches Geschäft war, bestätigen Nürnberger Bürger, die ihr Bürgerrecht ruhen ließen, um sich am Rhein in diesem Metier zu betätigen.[134] Diese Deutung legen im übrigen auch zahlreiche Portraits von unverkennbar wohl situierten Nürnberger Kaufleuten aus der Branche nahe. Da konnte man sich schon mal als Sponsor um die Wissenschaft verdient machen. So dachte vielleicht der hiesige Weinhändler Johannes Seiler, der den Bamberger Mathematiker Johannes Schöner finanziell unterstützte und bei ihm einen Erdglobus in Auftrag gab.[135] Der Einstieg in die Branche lohnte selbst noch zu Anfang des 17. Jahrhunderts. Das seinerzeit gegründete Geschäft des Metallwarenhändlers Valentin Schuez und dessen aus dem weinnahen Bamberg stammenden Verwandten Goerg Ayrmann zählte schnell zu den bedeutendsten Nürnberger Weinhandlungen. Auch im „Konzern" des damals aus den Niederlanden nach Nürnberg gekommenen Abraham de Braa spielte der Weinhandel eine bemerkenswerte Rolle.[136]

Um 1800 war Nürnberg gewiss weit davon entfernt, ein Weinhandelszentrum zu sein, doch notierte Johann Ferdinand Roth: *Der Weinhandel ist in Nürnberg noch immer sehr bedeutend.*[137] Franken-, Rhein-, Mosel-, aber auch französische und spanische Weine nahmen wie ehedem ihren Weg nach Bayern, Böhmen, Österreich und Sachsen. Die Nürnberger Kundschaft war aufgrund der Teuerung bei deutschen Lagen inzwischen vielfach auf ungarische und österreichische Rot- und Weißweine umgestiegen. In einer Mischung aus Rührung, Stolz und Wehmut berichtet der Historiker Roth aus der Perspektive des in die Provinzialität abgesunkenen Nürnbergers weiter, dass nach dem Tod verschiedener Weinhändler *selbst aus Frankfurth Kaufleuthe in Person hieher gereist sind und haben die alten Weine gekauft und nach Frankfurth abgeführt.*

Als 1806 die alte Reichsstadt dem Königreich Bayern zugesprochen wurde, zählte sie 25.126 Einwohner. Unter den neuen Landesherren wuchs Nürnberg explosionsartig. Bis zur Mitte des 19. Jahrhunderts hatte sich die Einwohnerzahl verdoppelt, 1881 überstieg sie die 100.000-Marke, 1900 lebten 260.000 Menschen in der Stadt, deren Fläche allerdings drei Eingemeindungswellen auf das 34-fache ihrer stadtmauerumfriedeten Größe anwachsen ließen. Die Eingliederung in ein größeres Staatswesen wirkte sich erheblich auf die wirtschaftlichen Rahmenbedingungen aus. So löste das 1825 in Kraft getretene bayerische Gewerbegesetz die nürnbergischen realen Gewerberechte ab, die sich noch auf Häuser und nicht auf Personen bezogen hatten. Der zunächst nur zögerlich einsetzende wirtschaftliche Aufschwung wurde vor allem vom Unternehmergeist des Bürgertums getragen, der sich mit dem neuen Gewerberecht entfalten konnte. In diese Zeit fällt die Gründung der Weinhandlung *Gießing*, deren Aufstieg, Niedergang und Ende keineswegs sonderlich spektakulär ist, die aber beispielhaft grundlegende Entwicklungslinien Nürnbergs während des 19. und 20. Jahrhunderts widerzuspiegeln vermag.

Caspar Carl Gießing erwarb 1830 die Weinwirtschaft „Zur weißen Krone" in der Spitalgasse 9.[138] Als Gründungsjahr der Weinhandlung Gießing

Das „Imperium" der Weinhandlung Carl Giessing im rebenumrankten Briefkopf. Der *Kgl. Bayer. Hoflieferant* stellt neben der Zentrale seine Kellereien (u.a. in Ingelheim) und Filialen vor. Zeittypische Übertreibungen der aufwendig gestalteten Präsentation finden sich auch hier: Vom prominent abgebildeten Wolffschen Rathausbau nutzte er nur die nicht sichtbaren Keller, der scheinbar auf der Fassade stehende Hinweis darauf hat natürlich nie existiert.

gilt 1832, da der vorherige Wirt der „Weißen Krone" die der Gastwirtschaft angeschlossene Weinhandlung erst zwei Jahre später an seinen Nachfolger übergab. Der Kaufpreis erreichte mit 10.000 fl stolze Höhen; Gießings Vorgänger hatte das Lokal nur vier Jahre betrieben und seinerseits gerade 5.200 fl aufbringen müssen. Von der Kaufsumme vermochte der Jungunternehmer nur 4.000 ersparte Gulden bar aufzubringen, den Rest ließ er vorerst gegen Verzinsung stehen. Als Sicherheit diente der sechste Anteil am elterlichen Haus in der vornehmen Kitzinger Kaiserstraße, wo sein Vater – ein gelernter Schiffer – ein Kaufhaus betrieb. Dort hatte am 13.6.1806 Caspar Carl Gießing als viertes von acht Kindern das Licht der Welt erblickt.[139] Er erlernte die Kellnerei im Leipziger „Hotel de Bavière" und arbeitete dort bis zu seinem Weggang nach Nürnberg, wo er sich als Weinwirt etablieren wollte. Welche Gründe ihn ausgerechnet nach Nürnberg führten, wissen wir nicht, vielleicht zog ihn die schon spürbare Aufbruchstimmung in einer großen Stadt nahe seiner Heimat an. Die Lage außerhalb des mainfränkischen Raums dürfte einem neuen Weinhändler zudem bessere Startchancen eröffnet haben. Eventuell bestanden auch schon Beziehungen zu der aus Winterhausen unweit seiner Heimat Kitzingen gebürtigen Fürther Weinhändlersfamilie Billing. Jedenfalls heiratete Caspar Carl Gießing im Jahr 1833 Babette Billing, die Enkelin des Kaufmanns und Mäzens Friedrich Adam Billing, der für die Benennung der gleichnamigen Fürther Grünanlage Pate stand. Die finanziellen Möglichkeiten seiner Schwiegereltern dürften den Aufstieg des Geschäftes, das ja erhebliche Investitionen erforderte, nicht unwesentlich beflügelt haben.

Sein Erfolg bewog weitere Familienmitglieder, sich ebenfalls in Nürnberg selbständig zu machen. Der 1806 als Schiffersohn in Kitzingen geborene Gürtlermeister Johann Christoph Gießing, Caspar Carls Cousin, hatte 16 Jahre in Wien gelebt, bevor er in Nürnberg eine Metallwarenfabrik eröffnete, aus der sich das bis 1998 in der Dr.-Kurt-Schumacher-Straße bestehende exklusive Lampengeschäft J. C. Giessing entwickelte. Carls älterer Bruder Georg Ludwig gründete 1839 eine Metalldruckerei in der Kleinweidenmühle und starb 1868 in Kitzingen als Hammerwerksbesitzer.

Nachdem der Gastwirt Caspar Carl Gießing 1852 zusätzlich die Konzession erhalten hatte, Gabelfrühstücke auszugeben, fiel seine Gaststätte 1854 in der Spitalgasse 9 einem Umbau durch den Eigentümer zum Opfer. Gießing suchte sich ein neues Domizil in der Rathausgasse 8, wo er sich auf den Weinhandel konzentrierte und nebenbei den Laden als Weinschenke führte. In den sechziger Jahren trat sein 1835 geborener Sohn Nikolaus in das Geschäft ein, das dieser jedoch erst 1881 – Carl Gießing stand im 75. Lebensjahr und durfte noch neun Jahre im Ruhestand verbringen – vollständig übernahm. Auch er heiratete mit Charlotte Landmann aus Neustadt/Aisch in eine Weinhändlersfamilie ein. Vom allergrößten Teil des enormen Nürnberger Bevölkerungszuwachses in dieser Zeit wird die Weinhandlung kaum profitiert haben. Die im Laufe der Hochindustrialisierung in die Stadt gespülten Arbeiter waren dem Bier zugetan, abgesehen davon, dass Wein außerhalb ihrer finanziellen Möglichkeiten lag. Aber gleichzeitig entstand eine Schicht wohlhabender Bürger, bei denen der Weinkonsum selbstverständlich war, ja zum Lebensstil gehörte. Das Geschäft florierte offenbar, als es 1900 nach dem Tod Nikolaus' der Enkel des Firmengründers, Carl Gießing jun., übernahm. Inzwischen war die Weingroßhandlung zum königlich-bayerischen Hoflieferanten aufgestiegen und unterhielt Kellereien in der Agnesgasse und der Rathausgasse sowie eine Kelterei für Rotweine in Ober-Ingelheim am Rhein und für Weißweine im pfälzischen Rhodt-Edenkoben.[140] Das Sortiment umfasste damals über 400 verschiedene europäische Weine, Medizinalweine, Schaumweine sowie in- und ausländische Liköre und Spirituosen. Von ihren eigenen Kelterungen „Edenkobener Special-Marke" und „Ingelheimer Special-Marke" hatte die Großhandlung in ihren hiesigen Kellern 80-100.000 Liter auf Lager. Damit war Gießing in der dritten Generation zur ersten Weinhandlung in Nürnberg aufgestiegen und konnte sich vom Angebot her durchaus mit bedeutenden Konkurrenzunternehmen in deutschen Weinstädten messen.

1902 ergänzte Gießing das Ladengeschäft um die benachbarte Weinrestauration „Zum Rathauskeller" am Fünferplatz 2. Als repräsentative alt-

Die Gäste am Tisch des Städtischen Rathauskellers amüsieren sich prächtig. Es wird munter eingeschenkt, während die Kellnerin die nächste Flasche bringt. Ob es dem streng dreinblickenden Wirt Martin Fischer schon langsam zu feuchtfröhlich wird? Sein Vorgänger, der Weinhändler Carl Giessing hatte den Grundstein für den Erfolg der bedeutenden Nürnberger Weinstube gelegt. Der Wein fließt dort nicht mehr in Strömen, denn in dem Keller des Rathauses am Fünferplatz speisen heute MitarbeiterInnen der Stadtverwaltung zu Mittag.

deutsche Weinstube belegte er das Untergeschoss im 1899 fertiggestellten Erweiterungsbau des Rathauses. Als Pächter beworben hatte sich Gießing bereits zur Eröffnung im Jahr 1900, war damals aber dem Portier des „Württemberger Hofs" Jakob Pfister aufgrund dessen höheren Gebots unterlegen. Da der Besuch des Lokals laut Pfister zu wünschen übrig ließ, und die meisten Gäste die wenig lukrativen, da von der Stadt eingekauften und zu festgesetzten Preisen angebotenen „Regie-Weine" wählten, blieb der Wirt bereits nach einem Jahr den Pachtzins schuldig und wurde daraufhin gekündigt. Pfister wechselte in den Nassauer Keller. Für Gießing erwies sich die Nichtberücksichtigung seiner ersten Bewerbung im Nachhinein als glücklicher Umstand. Damals hatte er eine Jahrespacht von M 8.000 geboten und war gescheitert, jetzt erhielt er das weit hinter den erhofften Umsätzen zurückgebliebene Lokal für M 3.000.–.[141] Der Weinhändler bewies fortan auch als Gastronom eine glückliche Hand. Geschickt brachte er die Wünsche der Stadtverwaltung mit seinen geschäftlichen Interessen unter einen Hut und damit den Rathauskeller als gehobenes Lokal zu Ansehen und Erfolg. 1908 richtete der expansionsfreudige Kaufmann eine Filiale seiner Weinhandlung in der Tafelfeldstraße 9 ein. Doch jetzt, nachdem das Geschäft unter seiner Ägide den Zenith erreicht hatte, folgte eine jähe Wende. Gießing nahm den Kaufmann Paul Leonhardt als Teilhaber auf, der 1909 die Weinhandlung komplett übernahm. Gleichzeitig trennte sich Gießing von der Restauration des Rathauskellers, der für ein Vierteljahrhundert in die Hände von Martin Fischer übergehen sollte.

Das Ansehen der Weinhandlung Gießing unterstreicht die Wahl Leonhardts zum Beisitzer im soeben ins Leben gerufenen Nürnberger Weinhändlerverband.

Gleichwohl bestand die Weinhandlung *Carl Gießing* nur noch zwei Jahre, dann fusionierte sie mit der seit 1851 bestehenden Weingroßhandlung Müller zu den „Vereinigten Weinkellereien Nürnberg (C. A. Heinrich Müller & Carl Gießing)". Das Partnerunternehmen C. A. Heinrich Müller war seit 1895, als der Firmengründer starb, im Besitz des Kaufmanns Carl Marstaller. Der langjährige Gesellschafter trennte sich von der Firma vermutlich aus Altersgründen. Der Nürnberger Kaufmann Robert Korn hatte beide Geschäfte gleichzeitig erworben und dürfte sich genau wie heute im Zeitalter der großen Firmenzusammenschlüsse von der Zusammenlegung Synergieeffekte erhofft haben.

Was aber hatte Carl Gießing dazu bewogen, sich aus seinem Familienunternehmen zurückzuziehen? Die nackten Daten: Die Handelsregister verzeichnen am 8. März 1909 *Inhaber Carl Giessing, Paul Leonhardt ausgeschieden*. Ganze zwei Tage später wurde eben jener geschasste Paul Leonhardt Alleineigentümer.[142] Das Hin und Her mag steuerliche Vorteile gebracht haben, die Gründe für den Verkauf der Firma dürften familiärer Natur gewesen sein. Carl Gießing benötigte damals dringend Geld, um seinen beiden Schwestern, die sich mit höheren Offizieren aus dem Adelsstand verheiraten wollten, ihr Erbteil auszahlen zu können. Der Weinhandel ließ die Familie trotzdem nicht los. In der Wilhelm-Spaeth-Str. 79 führte man unter dem Namen der Tochter Charlotte seit 1909 ein Weinkommissionsgeschäft, ein Jahr darauf wurde zusätzlich die im Haus befindliche Schankwirtschaft „Zum Luxhof" übernommen[143], aber wiederum ein Jahr später wieder abgegeben. Ab 1911 betrieb Carl Gießing eine Kaufmännische Agentur für Wein.[144] 1913 kehrte der Weinhändler in die Rathausgasse zurück. Er übernahm in der Hausnummer 4 das Traditions-Weinlokal „Zum Waizenstüblein" und gleichzeitig die dort ebenfalls untergebrachte Weinhandlung Döring, die er 1916 in „Gießing, vormals Döring" umbenannte. Der neuerstandenen Weinhandlung Gießing war indes nur eine kurze Lebensdauer beschieden; Gaststätte und Weinhandlung kehrten 1919 in die Hände der Eigentümerfamilie Döring zurück. Gießing hatte nämlich die Chance genutzt, seine alte Firma wieder zu übernehmen. Er löste eine Reihe offenbar glückloser Geschäftsführer ab, die in den Kriegsjahren freilich keinen leichten Job gehabt hatten. Die „Vereinigten Weinkellereien" firmierten mittlerweile als „C. A. Heinrich Müller Nachf." Dem stellte Carl Gießing mit seiner Kreation „Süddeutsche Weinvertriebsgesellschaft Carl Giessing & C. A. Heinrich Müller Nachf. (gegr. 1851)" wieder seinen eigenen Namen voran. Viel ausrichten konnte Gießing in seiner alten Weinhandlung allerdings nicht mehr. 53-jährig erlag der Gründerenkel im Jahr 1920 einem Schlaganfall; er wurde auf dem Johannisfriedhof begraben. Mit ihm ging die beinahe ein Jahrhundert während Weinhändlertradition der Gießings in Nürnberg zu Ende.

Ihr Geschäft aber existierte fort: Der Laden in der Rathausgasse 10 wurde unter wechselnden Geschäftsführern bis 1939 weitergeführt. Die Marktfrauen vom benachbarten Haupt- und Obstmarkt nutzten ihn gerne, um sich ihre Pausen mit einem Gläschen Samos zu versüßen. Eine 1930 geplante Verlegung des Geschäfts auf den Hauptmarkt in das IHK-Gebäude scheiterte; zu Beginn des Zweiten Weltkriegs fand man Zwischen den

Ob No 1, ob No 2, a jeda is a guata Wein,
Doch des, was drum u. dran hängt erscht,
Des macht'n no ganz b'sundas fein.

Nachdem er den Städtischen Rathauskeller im Jahre 1909 übernommen hatte, legte der Wirt Martin Fischer gleich sein *Ratsstuben-Kneipbuch* an. Zahlreiche der vorwiegend gehobenen Kreisen zugehörigen Gäste verewigten sich darin – wie hier zu sehen – mit künstlerischem Impetus. *Regie-Weine* hießen von der Stadt angekaufte Weine, die zum Leidwesen der Pächter im Lokal günstig angeboten werden mussten.

Fleischbänken 5 eine neue Adresse. Kellerei und Büros befanden sich am ehemaligen Firmensitz der Weingroßhandlung Müller im Hinterhaus der Adlerstraße 19/21. 1932 hatte Martin Fischer, der als langjähriger Pächter des Rathauskellers mit den Geschicken der Firma bestens vertraut war, die „Süddeutsche Weinvertriebsgesellschaft" übernommen. Da er bereits zwei Jahre darauf kinderlos starb, ging die Weinhandlung an die Marktredwitzer Hoteliersfamilie Heimerdinger als seine nächsten Verwandten über. Seine Nachfolge in der Geschäftsführung trat der aus dem Betrieb stammende Buchhalter Simon Dürsch (1888 – 1966) an. Das Sortiment erreichte unter den Nachfolgern der Familie Gießing nie mehr die Höhen der Jahrhundertwende; Rhein und Mosel herrschten vor, Liköre und Süßweine ergänzten das Programm. Die Weine lagerten – wie damals üblich – in Fässern, der Kellermeister füllte sie in Flaschen mit eigenen Etiketten ab. Als 1942 die Bestände für die Versorgung der Wehrmacht beschlagnahmt wurden, kam der Privatverkauf von Wein praktisch zum Erliegen. Nach dem Krieg war die Lage für Händler kaum besser. Auf der einen Seite hielten die Winzer ihre Ware bis zur Währungsreform zurück, da die Reichsmark praktisch wertlos war. Auf der anderen Seite war der Absatz an Privatpersonen durch die katastrophale wirtschaftliche Lage zusammengebrochen. Hinzu kam, dass die Gasthäuser, die die Weingroßhandlung beliefert hatte, teilweise zerstört waren und schon von daher als Abnehmer ausfielen. Die „Süddeutsche Weinvertriebsgesellschaft" wurde so zu einem späten Opfer des Zweiten Weltkriegs. Die letzten Eigentümer, die schon aufgrund der fehlenden örtlichen Anbindung nur wenig Interesse an ihrer Nürnberger Weinhandlung mitbrachten, wollten die für den Fortbestand erforderlichen Investitionen nicht leisten. Außerdem hatte die benachbarte Süddeutsche Bank ein begehrliches Auge auf das Gebäude geworfen. 1950 wurde das Vergleichsverfahren eröffnet, seit 1951 befand sich die Gesellschaft in Liquidation, am 31.10.1954 schlossen sich endgültig die Pforten der traditionsreichen Weinhandlung.

Zwischen 1880 und 1902 stieg die in den Adressbüchern genannte Zahl der Weingeschäfte sprunghaft von 33 auf 112. Nicht so sehr der Weingenuss, sondern Sinnesfreuden anderer Art standen im Mittelpunkt einiger Weinlokale und insbesondere der Weinhandlungen, die 1891 laut einem Kommentar der „Allgemeinen Zeitung" an der Frauentormauer zwischen Ottostraße und Engelhardsgasse wie Pilze aus dem Boden schossen. Augenfällig belegen die Etablissements die vielbesungene Nähe von Wein und Weib. Die Stadtchronik von 1891 berichtet von einer Sitzung des Magistrats, der sich etwas ratlos mit dem Problem der Prostitution konfrontiert sah, es aber immerhin als Fortschritt betrachtete, die Dirnen von der Straße weg in öffentliche Häuser – „Weinhandlungen für Frauenzimmer" – zu holen. Das Thema köchelte noch zwanzig Jahre später. Bei der Gründungsversammlung des Nürnberger Weinhandelsverbandes im September 1910[145] beklagte der zum Vorsitzenden gewählte Georg Philipp (Fa. Karl Rennemann & Cie.) neben dem neuen Weingesetz, das zum Zusammenschluss zwinge, dass das früher unter den Kollegen herrschende große Vertrauen verlorengegangen sei. Er führte diese missliche Entwicklung darauf zurück, dass es vielen *Elementen* gelungen sei, sich bar jeglicher Kenntnisse in das Weingeschäft hineinzudrängen und diese nun das Ansehen des ganzen Berufsstandes minderten. Die Formulierung spielt zweifelsohne auf die Geschäftsführer der als „Weinhandlungen" verklausulierten Bordelle an. Andererseits wurden den Weinhandlungen die kaum ehrenrührigen Anbieter der damals beliebten Medizinalweine zugerechnet. Dabei handelt es sich um Weine mit medikamentösen Zusätzen wie z. B. Pepsin, die vor allem zur Förderung der Verdauung eingesetzt werden.

Blick in die elegante spanische Weingroßhandlung des Antonio Jorba in der Jakobstraße 2. Die vermutlich in den 20er Jahren entstandene Aufnahme lässt auf einen grundlegenden Wandel im Weinhandel während des 20. Jahrhunderts schließen. Stand damals der Fassweinverkauf eindeutig im Mittelpunkt, bildet er heute die absolute Ausnahme.

Nach dem Ersten Weltkrieg schlossen mehr und mehr Weingeschäfte ihre Pforten für immer. Unschwer lässt sich daran die wirtschaftliche Not der Bevölkerung während der Weimarer Republik ablesen. Vor allem die direkten Kriegsfolgen Wohnungsnot, Arbeitslosigkeit und Geldentwertung setzten den Menschen zu, ja lösten eine Massenarmut aus. ‚Luxusgüter' verkauften sich da verständlicherweise schwer: Mitte der zwanziger Jahre zählte die Stadt noch etwa 100 Weinhandlungen, zehn Jahre später hatte davon die Hälfte aufgegeben.

In der Zeit nach dem Zweiten Weltkrieg bauten sich diverse neue Vertriebswege auf, die den traditionellen Weinhandel schwer in Mitleidenschaft zogen. Zunächst erfolgte die Verlagerung des Weinkaufs weg von den bis dahin quasi darauf monopolisierten Weinhandlungen auf den allgemeinen Lebensmittelhandel, dessen Anteil am Weinabsatz inzwischen bei über 60 Prozent liegt. Die umsatzstärkste deutsche Weinhandlung heißt heute Aldi. Eine Art Degradierung hat stattgefunden. Der noble Begleiter besonderer Anlässe mutierte zum Alltagsgetränk, das sich zumindest im aggressiv beworbenen unteren Preissegment jeder problemlos leisten kann. Markenweine wie Amselkeller, die Erben-Weine und Blanchet erreichen Stückzahlen von jeweils über 10 Millionen Flaschen. Der direkte Einkauf beim Winzer per Auto lässt nicht nur die in den eigenen Keller gebrachte Vielfalt nachgerade ins Unermessliche steigen, sondern erhöht darüber hinaus die heute manchen kritischen Verbrauchern so wichtige emotionale Bindung zum Produzenten. Immer höhere Marktanteile erobert sich nicht zuletzt der bequeme, den Flaschentransport sparende Einkauf per Katalog und neuerdings per Internet bei Weindirektversendern. Deutschland ist inzwischen zum wichtigsten Weinimportland der Welt aufgestiegen. Ein Viertel des weltweiten Exportvolumens gelangt heute nach Deutschland! Und die Deutschen sind bereit, dafür zu zahlen. 1998 gaben sie für den Weinkonsum 5,7 Milliarden DM aus, eine Milliarde mehr als vier Jahre zuvor.[146] Dem Interessierten stehen Weine in einer nie da gewesenen Auswahl aus aller Welt zur Verfügung, ohne dass er des örtlichen Fachhandels bedarf. Zudem gehört auch dieser mitunter – wie z. B. „Jaques' Wein-Depot" – zu großen Handelsketten. So verwundert es beinahe, dass die Nürnberger zur Zeit – ebenso wie in der direkten Nachkriegszeit – aus über 50 Weingeschäften wählen können. Viele Vinotheken sind auf bestimmte Anbaugebiete bzw. -länder spezialisiert, sie leben vom persönlichen Kontakt mit dem Kunden. Gegenüber den Discountern spielen sie ihre Trümpfe Kaufberatung und Probiermöglichkeiten aus. Zuneh-

87

mend veranstalten sie darüber hinaus Weinverkostungen und Degustationsmenüs, die den Erlebnischarakter und die Kundenbindung erhöhen.

Der derzeitige Umsatzprimus unter den hiesigen Weinhandlungen müsste nicht auf solche Verlockungen zurückgreifen (wiewohl sie dort sehr wohl gepflegt werden) – er ist dem intimen Rahmen einer Vinothek längst entwachsen. „Gebrüder Kössler & Ulbricht: Die Weinhalle – Der Weinversand" legen alljährlich einen mittlerweile über 200 Seiten starken Weinkatalog vor, dessen Hauptmerkmal darin liegt, dass sich das Angebot abseits des ‚gängigen' Weinmarkts bewegt. Der Geschäftsführer Martin Kössler nennt ihn schlicht *Programm,* was bei ihm gleichzeitig im Sinne von programmatisch zu verstehen ist. Er hat sich der missionarisch anmutenden Aufgabe verschrieben, ausschließlich mit natürlichen, traditionell ausgebauten Weinen, die als charakterstarke Individualisten mit Ecken und Kanten ihre Herkunft erkennen lassen, zu überzeugen. Den Einsatz moderner industrieller Produktionsverfahren wie Umkehrosmose und Vakuumverdampfung zur Erhöhung der Konzentration lehnt der Händler kompromisslos ab, da durch diese Manipulationen das vielschichtige Naturprodukt Wein Gefahr läuft, auf einen weltweiten Einheitsgeschmack hin nivelliert zu werden. Um die in den letzten Jahren zu beobachtende dramatische Ausbreitung dieser neuen Techniken aufzuhalten, fordert er vom Gesetzgeber eine *Volldeklaration, egal ob es sich um Mostkonzentrationsverfahren, um Zusatz von Aroma- oder Farbstoffen, Holzersatzstoffe, genmanipulierte Extraktionssysteme oder andere Zusatzstoffe etwa zur Schönung oder Konservierung handelt,* um die *Unterscheidung zwischen dem getränketechnologischen Erzeugnis Wein und dem handwerklich hergestellten Traditionsprodukt Wein* gewährleisten zu können.[147] Das sich so weinpolitisch engagierende Unternehmen geht bereits seit seiner Gründung 1978 eigene Wege. Als ausländische Weine noch weitab aktueller Modetrends lagen, hatten die Studenten Martin und Thilo Kössler zusammen mit ihrem Freund Horst Ulbricht eine Importfirma für italienische und französische Weine eröffnet. Die Auswahl ließen sie ihre Gaumen treffen, womit sie von Anfang an Geschmack bewiesen: Als ein halbes Jahr später ihre Weine bei einem Italien-Vergleichstest der weit verbreiteten Genießer-Zeitschrift „Essen & Trinken" die Plätze 1, 2, 3, 5 und 7 belegten, waren sie mit einem Schlag bundesweit bekannt. Die zahlreichen Anfragen nach diesen Weinen legten den Grundstein für das ursprünglich keineswegs angestrebte Versandgeschäft, von dem K&U heute fast vollständig lebt. Es basiert auf der stark textlastigen Hauspostille, die mittlerweile den Charakter eines Kompendiums angenommen hat. Das *Programm* stellt die einzelnen Weine umfassend in einem ebenso unkonventionellen wie unverwechselbaren Stil vor, bewertet gleichzeitig aber auch Jahrgänge, Regionen, Ausbautechniken ungewohnt kritisch. Nicht von ungefähr beklagt Kössler inzwischen die zahlreicher werdende Gemeinde der Trittbrettfahrer, die sich per Ideen- und Textklau daraus bedienen. Der selbst gesetzte Qualitätsanspruch verlangt die ständige Prüfung der vertretenen Weingüter ebenso wie die beständige Suche nach neuen, unbekannten Winzern, die der Philosophie des Hauses entsprechen. Seit 1992 kooperiert K&U mit neun gleich gesinnten Partnern in aller Welt, die sich gegenseitig mit Informationen und Weinen versorgen. Das so entstandene Netzwerk verhalf der Weinhandlung zu enormem Aufschwung; der Versand verzeichnet seither jährliche Zuwächse von über 30 Prozent. Es mag verblüffen, aber im 21. Jahrhundert wird von Nürnberg aus ein wenig Weinpolitik betrieben: Der Nürnberger Versender verfügt mittlerweile über eine Marktmacht, die so weit reicht, einigen Winzern den Ausbau nach K&U-Vorstellungen zu diktieren. Den Einfluss erlaubt ein Rückgrat von etwa 25.000 Kunden, die aus dem „handverlesenen" Angebot von etwa 700 Weinen aus aller Welt ordern. Eine zunehmende Rolle spielt dabei das Internet, wo K&U seinem Konzept, Außergewöhnliches zu liefern, treu bleibt. Den täglich aktualisierten Auftritt im Netz mit einem Forum zum Informations- und Meinungsaustausch würdigten so weinferne Magazine wie „Focus" und „Wirtschaftswoche". In dieser modernen Form des Gebens und Nehmens hat Kössler gleichzeitig einen Weg gefunden, das anonyme Verhältnis zwischen Versandhändler und Kunden etwas persönlicher zu gestalten.

Malvasier, Franken und Hunnischer: Die Weinsorten

Frankenwein – Krankenwein
Neckarwein – schlechter Wein
Rheinwein – fein Wein
(Volksmund)

All die heute so exotisch klingenden – übrigens durchwegs weißen – Weinsorten, deren Nennung dem damaligen Kenner das Herz höher schlagen ließ, sind Früchte des Südens. In Nürnberg werden sie durch Konrad Peuntingers Ungeldordnung bereits 1386 bezeugt. Sie bezeichnen ursprünglich keine Rebsorten, sondern Herkunftsgebiete. Allerdings fällt die Lokalisierung auf ihr tatsächliches Anbaugebiet mitunter schwer, da sie sich gemeinsam mit ihrem Namen in Südeuropa ausgebreitet haben und sich dadurch zur Rebsorte wandelten. Am häufigsten genannt wird eine Traube, deren bloße Aussprache sie auf der Zunge zergehen lässt: *Malvasier*. Ihre Herkunft ist ungewiss. Die High-end-Sorte soll aus der Stadt Monemvasia im Süd-Peloponnes stammen oder von den griechischen Inseln (Schloss Malvasia auf Kreta), breitete sich aber bald über Italien im ganzen Mittelmeerraum aus. Griechischer Wein war das Maß aller Dinge. In der 1493 erschienenen berühmten Weltchronik des Nürnberger Arztes Hartmann Schedel, die das damalige Wissen in einem Prachtband versammelte, heißt es: *Bachus fand zu erst den Wein in kriechen land, vnd ward für eynen got gehalten. Er gab auch andern gegenten den wein vnd leret die teutschen auß gersten getranck machen.*[148] Selbstverständlich hatte bei den auf die Antike ausgerichteten Humanisten Dionysos (römisch: Bacchus) seine Heimat zur – damaligen – Krönung önologischer Bemühungen geführt, eine Leistung, die ihm sogar göttliche Verehrung einbrachte. Eher verwundert schon, dass er nebenbei offenbar noch Zeit fand, sich um die Getränkeversorgung anderer Völker verdient zu machen. Weitere ursprünglich griechische Weine sind der *Romanier*, der mit Konstantinopel und Kreta in Verbindung gebracht wird, der *Muskateller* und – nomen est omen – der *Kriechlein*. Nur in Italien fand sich der ebenfalls noch in die oberste Kategorie eingereihte *Vernatsch*.

Wie müssen wir uns die Weine vorstellen? Jedenfalls schwer, süß und von goldgelber Farbe. Nicht von ungefähr bilden manche noch heute die Grundlage für Dessertweine, wie z. B. der Malvasier für Madeira. Das ungefähre Geschmacksbild mag ein Rezept für künstlichen Malvasier erhellen. Es erinnert mit seiner Vorliebe für Lebkuchengewürze an Glühwein: *Nehmet Galanga (wohl Galgant, ein Ingwergewürz), Ingwer, Nelken, ein Gran von jedem, alles gröblich gestossen, und lasset solches in gutem Franzbrandwein digeriren, hiervon wird ein Beutel gemacht; dieses wird in zwanzig Bouteillen besten Clairetwein gehängt und nach drei Tagen hat man einen vortreflichen Malvoisirwein.*[149] Weniger konkret, dafür um so blumiger lief den Italienern der bezaubernde Trank sprichwörtlich als „Manna alla bocca e balsamo al cervello" (Manna für den Mund und Balsam fürs Gehirn) die Kehle hinab.

Oberitalien lieferte den *Welschwein,* den *Rainfal* und den *Passawner.* Die Abgrenzung von Welsch ist unklar. Teilweise stand die Bezeichnung für den italienischen Wein südlich des deutschsprachigen Südtirol und wurde wohl überwiegend im Trentino angebaut. Später wurde Welsch zur Sammelbezeichnung für entweder alle über die Alpen eingeführten Weine oder er galt für die leichteren Kreszenzen aus dem Süden. Das Zentrum des rötlich-gelblich schillernden Rainfal lag vermutlich im westlichen Istrien um Triest herum. Die Sorte wurde auch in Friaul angebaut. Passawner bezog sich auf Bassano del Grappa in Venetien. Westlich von Südtirol, in Chiavenna, war der *Veltliner* oder *Klevner* beheimatet.[150] Österreichischer Wein, üblicherweise als *Osterwein* bezeichnet, taucht in der detaillierten Ungeldordnung nicht auf, was einen weiteren Hinweis auf dessen untergeordnete Rolle in Nürnberg liefert. Für ihn scheint Nürnberg tatsächlich das westlichste Ende seiner Verbreitung gewesen zu sein.

Eine Stufe darunter begegnen wir den ersten deutschen Kreszenzen. *Elsässer* und *Rheinwein,* die Nürnberg meist über das süddeutsche Umschlagszentrum Frankfurt erreichten, waren als beste deutsche Sorten gleichwertig eingestuft. Die Bezeichnung Rheinwein umfasste bis in das 15. Jahrhundert auch die heutigen Regionen Pfalz, Mosel, Ahr und Nahe; erst die Neuzeit führt engere Herkunftsbezeichnungen ein. Anton Tucher, unser Gewährsmann aus der Dürerzeit, differenzierte bereits die Großlage ‚Rheinwein' von den Einzellagen Landau und Speyer; Paul Behaim bezog u.a. Pfeddersheimer Wein.

Elsässer und Rheinwein dienten als hochwertige Trinkweine, während die südländischen Weine in jedem Fall festlichen Anlässen vorbehalten blieben oder nur als Geschenke Verwendung fanden. Wie erwähnt, erzielten sie trotz ihrer hohen Besteuerung nur einen geringfügigen Anteil am Ungeldaufkommen. Selbst die Stadtrechnungen, die Schenkungsweine für hohe Persönlichkeiten enthalten, verzeichnen z. B. 1386 nur 11½ Fuder Welsch und 15 Fuder Elsässer, aber 306 Fuder Franken.[151] Weniger sparsam ging es zu, wenn Nürnberg dem Kaiser Reverenz zu erweisen hatte. Der „Warenkorb" an Naturalien, die dem Reichsoberhaupt bei seinem feierlichen Einzug in die Reichsstadt überreicht wurden, bestand üblicherweise aus Fisch, ein paar Tonnen Hafer, vier bis neun Lageln (ca. 180 bis 400 l) Süßwein und einigen Fässern Rheinwein.[152]

Einen Einblick in die Aufteilung der Sorten in Malvasier, Welsch, Met und schlechter (d.h. schlichter, also Franken, Neckar usw.) Wein bieten einige überlieferte Jahrgänge der Stadtrechnungsbelege, in denen ausstehende Ungelder in fl vermerkt sind:[153]

	Malvasier	Welsch	Met	Schlecht	Bier
1499	–	152		14 673	
1569	11	79	160	12 326	37 704
1570	15	95	158	6 736	30 533
1571	7	55	216	9 296	28 995
1572	8	40	148	10 285	16 970
1573	6	28	135	11 174	21 955
1589	555	1294	138	7 552	42 467
1610	989	1917	143	7 090	
1620	1083	2154	182	12 009	
1630	627	520	569	6 616	
1640	397	293	58	6 513	
1650	835	259	46	4 996	
1660	328	164	66	3 729	
1670	299	109	83	4 038	
1680	217	123	46	1 930	

Der Aussagewert dieser Übersicht ist sicher begrenzt, da wir nicht wissen, ob die Zahlungsmoral bei allen Weinsorten übereinstimmte. Dennoch lässt sich auch hier erkennen, dass die Zeit des Volksgetränks Wein in Nürnberg mit dem Dreißigjährigen Krieg zu Ende ging. Süß- und Welschweine erlebten zwischen 1589 und 1620 entweder einen Boom (ein Ausweichen wegen der schlechten Ernten des gemeinen Weines?) oder die verarmende Bevölkerung verschuldete sich zusehends. Met wurde, wenn auch in immer geringeren Mengen, noch im ganzen 17. Jahrhundert getrunken.

In Stadtrechnungen aus den Jahren 1555/56 tauchen neue Süßweinsorten auf: *Alle candy* (Alicante), *Peter Simonis* (Pedro Ximénez, heute v.a. für Sherry verwendet) aus dem spanischen Raum und *Muskatel de Frantignac* (starker Muskateller aus Frontignan im Midi), die zusammen mit Rainfal und Malvasier 1 Eimer und $18^{1}/_{2}$ Maß ausmachten, während Rinkauer (Rheingauer), Rhein, Mosel, Wertheim, Franken und Veltliner auf 21 Eimer $44^{1}/_{2}$ Maß kamen. 1556/57 konnten sich die Ratsherren an den süßen Sorten Vino di Canea (Chaniá auf Kreta) und Pinöl (Pinot?) laben.[154]

Nun darf die umfangreiche Aufzählung all dieser Spitzengewächse nicht darüber hinweg täuschen, dass die unterste Qualitätsstufe der Ungeldordnung von 1386 die mit Abstand meistverkauften Sorten enthält: die nahen Weinregionen *Franken* und *Tauber, Neckar* und *Bergstraße*. Der Prophet gilt sprichwörtlich im eigenen Lande nichts, ein Phänomen, das den deutschen Wein auch heute vor ein Image- und Absatzproblem stellt. Nun gediehen unglücklicherweise im fränkischen Raum tatsächlich die sauersten und mithin unbeliebtesten Tropfen. An dieser Stelle müssen wir eine Begriffsklärung einschieben, denn das Wort „fränkisch" (bzw. frentsch, vinum franconicum) hatte önologisch eine Doppelbedeutung: Neben der Anbauregion repräsentierte er auch eine Art Prädikatsbezeichnung, da vom fränkischen der minderwertigere heunische oder hunnische Wein (vinum hunicum) zu unterscheiden war. Immer wieder haben sich Weinhistoriker mit der Deutung dieser Begriffe beschäftigt, leider ohne letzte Klarheit zu gewinnen. Beim heunischen Wein handelt es sich wahrscheinlich um eigene Rebsorten oder Rebstöcke, die durch das Eingraben von abgebogenen Trieben gewonnen wurden.[155] Da der Anbau stets im „gemischten Satz" erfolgte, der Weingarten also mit Rebstöcken unterschiedlicher Sorten bestückt war, die gemeinsam gelesen und vergoren wurden, spielten Rebsorten zunächst keine große Rolle. Die Durchmischung galt auch für Weiß- und Rotweintrauben, deren Verhältnis zueinander umstritten ist. Die führenden, weil ertragreichen Trauben des Mittelalters waren – für Rhein- wie für Frankenweine – neben den nicht identifizierbaren heunischen Sorten der *Elbling* (bzw. Alben, Kleinberger) und der heute noch in Baden als Alltagswein beliebte *Gutedel*. Der Gutedel dürfte über die fränkischen „Fexermärkte" nach Sachsen gelangt sein, in Franken ist er bereits 1607 nachweisbar. Klagen über die schlechte Qualität des Elblings durchzogen das weinreiche Ende des Mittelalters. Ansätze zu Verbesserungen der Rebsortenwahl beendete jäh der Dreißigjährige Krieg; danach war schon erfreulich, wenn die zerstörten Weinberge überhaupt wieder angelegt wurden.[156] Dennoch verdankt der *Silvaner* als die heute typische Frankenrebe ihre Ansiedlung womöglich gerade diesen Kriegsverheerungen. Da die Flächen minderer Qualität seither nicht mehr mit Rebstöcken bestückt wurden, versuchten Eigentümer von Spitzenlagen, die ihre Gewinne vorher ebenfalls überwiegend aus der Fläche bestritten hatten, ihren Einnahmeausfall durch Qualitätsverbesserung und damit mögliche Preissteigerungen auszugleichen. Bezeichnenderweise ist der Silvaner in Franken seit 1659 belegt (in Obereisenheim und Castell), seine Herkunft war vermutlich Österreich.[157] Obwohl damit die ideal mit dem Terroir korrespondierende Rebsorte gefunden war, taten sich die Winzer schwer. Wein ist bekanntlich den Modewellen des Publikums unterworfen, und dieses wandte sich von Franken ab. Nachdem sich im Gefolge des Dreißigjährigen Krieges bereits die Reichsstadt Nürnberg als einer der Hauptabnehmer weitgehend verabschiedet hatte, stürzten im Verlauf des 18. Jahrhunderts Imageprobleme die fränkischen Weinhäcker in enorme Absatzkrisen. Einen bedeutenden Teil der Produktion deklarierten die großen Weinhändler in Frankfurt und am Rhein entweder direkt als Rheinwein oder sie entwerteten ihn als Verschnitt für die Rheinweine, um diesen ihre anfangs unangenehme Säure zu nehmen. Obschon Franken mit seinen Würzburger Lagen Leiste und Stein anerkanntermaßen deutsche Spitzenqualitäten produzierte, beschränkte sich der Frankenweinabsatz fortan im wesentlichen auf die Versorgung der umliegenden Regionen Mittel- und Oberfranken sowie Hessen, Sachsen und Thüringen. Handelspolitische Hemmnisse taten ein Übriges. So hatte 1748 Holland im Gegenzug auf Zollerleichterungen Frankreichs seine Importzölle auf französische Weine reduziert, woraufhin der Export des Frankenweins in die Niederlande praktisch versiegte.[158]

Der Weinliebhaber Anton Tucher bevorzugte ausweislich seiner Aufzeichnungen Rheinwein, den er beständig in moderaten Mengen kaufte. Für den täglichen Bedarf überwogen selbst bei einem vermögenden Bürger wie ihm Weine aus Franken, Seligenstadt, Königsberg, Wertheim, Neckar, Bergstraße; sogar Erfurt und Reuth (östlich von Forchheim) sind vertreten. Tauberwein verwendete er meist zur Essigherstellung. Malvasier,

Rainfal und Veltliner bezog er in verschwindend geringen Mengen, ebenso wie einmal einen roten Kardinalwein.
Wie aber schmeckten die Weine? Mittelalterliche Degustationsnotizen sind kaum aufzutreiben. Für die einfachsten Sorten mag das um 1450 gefällte, vernichtende Urteil des weitgereisten Aeneas Sylvius Piccolomini über die Weine Altbayerns stehen, das über die Pegnitztröpfchen vermutlich kaum anders ausgefallen wäre. Der aus der Toskana gebürtige Schriftsteller, Humanist und spätere Papst Pius II. litt spürbar: *Wein ... wird aufgetragen, dir wird unwohl, wenn du davon trinkst, er ist scharf wie Essig oder ist verwässert, verderbt, flockig, sauer, ... von ebenso schlechtem Aussehen wie Geschmack.*[159] Zu einer Zeit, da sich der Weinbau längst wieder auf seine guten Lagen zurückgezogen hatte, versuchte sich ein Mitglied der bekannten Nürnberger Kaufmannsfamilie Leuchs an einer Charakterisierung. In seiner *Vollständigen Weinkunde, oder der europäische Winzer und Kellermeister,* erschienen in Nürnberg 1839, beschreibt er den Frankenwein als dem Rheinwein *ähnlich, aber leichter, schwächer, minder sauer, und in mancher Hinsicht gesünder.* Als beste Lagen macht er die Würzburger Leiste, den Würzburger Stein und den Homburger Calmuth aus. Neckarwein sei dem Frankenwein ähnlich, jedoch schwächer und *minder angenehm,* Tauberweine seien *gute und angenehme Tischweine, jedoch mehr und weniger mit einem eigenthümlichen Grundgeschmak.* Immer wieder wurde die heilsame Wirkung des Frankenweines gepriesen. Paracelsus z. B. verschrieb ihn sich, um gegen die Pest gefeit zu sein. Ärzte verschrieben ihn gegen allerlei Gebrechen, getreu dem ehedem als geflügeltes Wort grassierenden Reim vom „Frankenwein – Krankenwein". Die Wendung erlangte gar die Weihen der Dichtkunst, indem sie einen gewissen P. Müller zu den bemerkenswerten Versen inspirierte: *Frankenweine – Krankenweine / Heißt's im Lande auf und ab; / Weingestählte Frankenbeine / Gehen nicht so früh zu Grab.*[160] Geboren wurde dieser feste Glaube, der bekanntlich Berge versetzen kann, indes viel früher – durch Hildegard von Bingen in ihrer 1179 erschienenen „Physica". Sie empfahl freilich in ihrem lateinisch geschriebenen Arzneimittelbuch den *vinum franconicum.* Die dem Frankenwein zugeschriebene Funktion als Gesundbrunnen scheint somit auf einem Missverständnis zu beruhen (das die Frankenweinwerbung gerne fortschrieb), denn die heilkundige Äbtissin wollte wohl die „fränkische" als bessere Sorte gegenüber der „heunischen" herausheben, nicht aber den aus Franken stammenden Wein. Den hat die Rheinländerin vermutlich nie kennen gelernt.

Ein Fass ohne Boden: Erlaubte Zusätze und Weinfälschung

> Das Leben ist viel zu kurz, um schlechten Wein zu trinken.
> (Johann Wolfgang von Goethe)

Wir werden nie genau erfahren, wie die Weine des Mittelalters geschmeckt haben. Ob das zu bedauern ist, sei dahingestellt. Die Weine waren erheblich alkoholärmer; das Ausnutzen klimatisch ungeeigneter Lagen ließ ausgesprochen saure Tropfen entstehen, die auch dem mittelalterlichen Gaumen nicht behagten. So wurden immer schon diverse geistreiche Methoden ersonnen, den Geschmack mit erlaubten und unerlaubten Mitteln zu verbessern. Bis auf die Antike zurück geht die Tradition, Weine mit Kräutern zu aromatisieren. Im Gegensatz zu den im Altertum verwendeten bitteren und scharfen Stoffen bevorzugte man im Mittelalter eher mild-süßende Kräuter wie Wermut, Salbei, Alant und verschiedene Minzen.[161] Das Aromatisieren war denkbar einfach. Während des Klärvorgangs hängte man ein mit den gewünschten Gewürzen gefülltes Leinensäckchen in den Wein. Da dies eine überkommene und geduldete Methode der Geschmacksverbesserung ohne Betrugsabsicht war, findet sich in den Weinordnungen kaum ein Hinweis auf die Kräuterweine. Über ihre Verbreitung in Nürnberg läßt sich wenig sagen, zumindest waren sie nicht unbekannt, denn *sallveyweyn* und *werrmutweyn* durften verkauft werden wie Frankenwein, nur nicht teurer.[162] Allgemeiner Beliebtheit und Wertschätzung erfreute sich der „Würzwein", bei dem der fertige, aber unbefriedigende Wein mit Aromastoffen wie Zimt, Nelken, Ingwer, Safran, Muskat, Feigen, Süßholz, Enzian, Pfeffer und insbesondere Lebkuchen gekocht wurde.[163] Er bildet damit den Prototyp des heutigen Glühweins, zu dem bezeichnenderweise auch nicht eben die besten Tropfen verwendet werden.

Die grundlegende Aufgabe des Kellermeisters besteht in der Herstellung klarer und haltbarer Qualitäten. Dies gilt für den Ausbau im mittelalterlichen Holzfass ebenso wie im gärtemperaturgesteuerten Edelstahltank des High-Tech-Zeitalters. Sortentypizität, Bukett und persönliche Handschrift des Winzers zählen eher zur Kür; ausschlaggebend sind solche Kriterien erst für den heutigen Genießer, der fehlerfreie Weine voraussetzen darf. Leider ist selbst ein einfacher, sauberer Tropfen im allgemeinen nur mit Hilfsmitteln erreichbar. Art und Menge dieser Zutaten waren seit jeher umstritten und bildeten vor allem im Spätmittelalter eine beständige Quelle vor allem juristischer Auseinandersetzungen, bei denen ausgerechnet die Reichsstadt Nürnberg federführend war.

Bekannte Beigaben zur Schönung waren und sind teilweise heute noch Eiweiß, Milch, Ton und Alaun (Kaliumaluminiumsulfat). Wer bei der nun ausgebreiteten (keineswegs kompletten) Vorstellung einiger weiterer Ingredienzien versucht ist, von künftigem Weingenuss Abstand zu nehmen, der bedenke, dass sich all diese Stoffe während der Gärung mit den störenden Schwebteilchen verbinden und als Bodensatz niederschlagen, der durch den Abstich vom Wein getrennt wird. Für die Rotweinschönung wurden und werden Eiweiß oder Gelatine verwendet, weil Eiweißmoleküle mit den Gerbstoffen (Tanninen) des Weines reagieren, also Bitterkeit entziehen. Gegen die Übersäuerung sollten Waidasche, Weinstein und kohlensaurer Kalk helfen. Waidasche hieß der verbrannte Bodensatz des Weines, in dem sich Weinhefe und Weinstein abgelagert hatten.[164] Die Kellermeister griffen beim Keltern in erster Linie auf ihre praktischen Erfahrungen zurück, es gab aber auch umherreisende ‚Weinmacher', die mit Tipps und Tricks handelten. Und bei den unerlaubten Kniffen griff die Obrigkeit ein: Im Jahr 1409 wurde Hermann Echter auf fünf Jahre der Stadt verwiesen, weil er das Wissen um das so genannte „Weinschmieren" weitergegeben hatte.[165] Kenntnisse über solche Kellereitechniken konnten sich die Winzer freilich auch aus den zahlreichen Weinbüchern holen, die sich im Mittelalter weiter Verbreitung erfreuten. Besondere Popularität erlangte das im 14. Jahrhundert entstandene „Pelzbuch" des Gottfried von Franken, von dem Abschriften vor allem im süddeutschen und böhmischen Raum kursierten.[166] 1560 erschien in Nürnberg mit Paul Schneiders *Kellermeisterey* ein Ratgeber, der die damals bekannten Verfahren zum Ausbügeln von Weinfehlern zusammenfasste und gleichzeitig Rezepte für die Zubereitung von Kräuterweinen lieferte. Dieses ‚Standardwerk' erlebte noch 1693 unveränderte Neuauflagen. Die Fachliteratur empfahl zur Weinverbesserung und Weinkonservierung so illustre Stoffe wie Salz, Speck, Mehl, Wachs, Aschen, Sand, Branntwein und gebranntes Glas – die daraufhin prompt in den Verbotslisten der Weinordnungen auftauchten. Auffälligerweise trieb keine andere Stadt so viel regulativen Aufwand mit Weinzusätzen wie Nürnberg.[167] Das mag mit der weingeographisch abseitigen Lage der Stadt zusammenhängen. Die großen am hiesigen Markt gehandelten Mengen mussten erst über weite Strecken herantransportiert werden, was entsprechend haltbare Ware voraussetzte. Als verbotene Klärungsmittel erwischte es schon in den frühesten erhaltenen Satzungsbüchern Alaun und Glas, erlaubt waren hingegen Eier und Sand.[168] Später gab man sich großzügiger: Außer Eiern ohne Schalen durften rohes ungebranntes Salz, Wasser, Grieß, Kieselstein, Leim, Ton und Kämme (d.h. Weintraubenstiele) zugegeben werden.[169] Anfang des 15. Jahrhunderts wurde die Verbotsliste wieder länger: Wasser, Milch, *laym* (Leim oder Lehm, beides fand in der Weinbereitung Verwendung), Nesseln, Nesselwurz (= Nieswurz), Waidasche.[170] Im Lauf des 15. Jahrhunderts kamen Alaun, Glas, Kalk, Branntwein, Flugsinter hinzu. Die erste zusammenfassende Weinordnung aus dem Jahr 1439 brandmarkt Waidasche, Senf, Senfkörner, Speck, Milch, Wasser und Branntwein als *gefarliche oder schedliche sachen oder gemechten,*[171] 1566 ergänzt um Scharlachkraut und *Schmier.*[172] Das Scharlachkraut heißt heute nicht von ungefähr nach einer Rebsorte Muskatellersalbei und wird gerne als Gewürz für Süßspeisen verwendet; Schmier wird als „süßer Wein" definiert, was auf den häufigen Versuch, die schweren südlichen Süßweine zu imitieren, hinweist. Dieser ‚süße Wein' geriet in die Verbotsliste, weil seine Durchgärung durch gesundheitsschädlich hohe Schwefelzugaben abgebrochen worden war. Branntwein, Speck und Senf vermochten ebenfalls die Gärung vorzeitig zu stoppen.[173] Weinkiesern hatten die Ratsherren in einer Verordnung aus dem Ende des 15. Jahrhunderts erneut auferlegt, zur Sicherheit vor den „gefährlichen Gemächten" nur durchgegorene Weine zu weisen, auch wenn diese *rösch und nit süss* waren.[174] Wie sehr das Thema den Bürgern auf den Nägeln brannte, beweist der Nürnberger Meistersinger und Wundarzt Hans Folz in seinem um 1488 entstandenen Spruchgedicht *Von allem Hawßrath.* Das umfängliche Epos ist als Spaziergang durch die unterschiedlichen Räume eines Hauses angelegt, unterwegs werden

Ausschnitt aus dem etwa 1488 von Hans Folz verfassten Spruchgedicht *Von allem Hawßrath.* Die kenntnisreiche Aufzählung der schädlichen Gemächte lässt vermuten, dass die Bürger um 1500 im Wein kaum die sprichwörtliche Wahrheit, sondern eher die Fälschung sahen.

alle dort vorhandenen Utensilien vorgestellt. Im Keller angelangt, zählt er in einer Art Exkurs die schädlichen Hilfen zur Weinschmier auf und verurteilt sie in einem persönlichen Kommentar.

Den Weinen des Mittelalters war keine längere Reifungsperiode zugestanden. Sie mussten jung getrunken werden, der vorletzte Jahrgang wurde bereits als „firn" bezeichnet und häufig zu Schleuderpreisen verkauft oder an Arme verschenkt. Wie versuchte man, die mangelnde Haltbarkeit in den Griff zu bekommen? Durchaus bekannt war, dass die Einhaltung peinlicher Sauberkeit in allen Phasen der Weinbereitung notwendig war. Da sie allein nicht ausreichte, war man ständig bemüht, neue konservierende Substanzen zu finden. Der Durchbruch gelang im 15. Jahrhundert mit dem Schwefel, und dabei blieb es im Prinzip bis heute. In Nürnberg reagierte man zunächst vorsichtig auf die Schwefelung, passte sich dann mit präzisen Anweisungen aber schnell an. Most durfte grundsätzlich nicht geschwefelt werden, obwohl dies gerne praktiziert wurde, um die Gärung vorzeitig abzubrechen und auf diese Weise Restsüße zu erhalten. Nach dem Dreikönigstag erlaubte man dagegen *zu bestenndigkeyt und lewtterung* neben rohem Ton und Milch (bis zu zwölf Viertel pro Fuder = gut 3 %) die einmalige Schwefelung bis zu einem Lot pro Fuder.[175] Das bedeutet eine Zugabe von maximal 18 mg/Liter und entspricht interessanterweise ziemlich genau den heute üblichen Schwefelmengen. Das EU-Weinrecht legt Höchstmengen zwischen 25 und 40 mg/Liter fest.[176] Übrigens wurde erst mit dem Inkrafttreten des Deutschen Weingesetzes im Jahr 1971 die Zugabe schwefliger Säure untersagt, die wie einst die Gärung zugunsten von Restsüße erwünscht stoppte.

Das 15. Jahrhundert markiert den Höhepunkt der Weinfälschungen, denen die einzelnen Städte mit immer neuen Verordnungen eher hilflos begegneten. Die Kontrolle der auf dem Land lebenden Winzer und ihrer Weinbereitungsmethoden war nahezu unmöglich, obwohl man auch diesen Weg zu beschreiten versuchte. Insbesondere der Handel mit den „Gemächten" sollte durch dafür bestellte Personen in- und außerhalb der Stadt überwacht werden.[177] 1439 schickte der Rat zwei Kundschafter zur Frankfurter Messe, um feststellen zu lassen, ob und welche Nürnberger dort den neuen Wein manipulierten.[178] Doch mussten die eigenen Initiativen zwangsläufig Stückwerk bleiben, beizukommen war dem Problem nur durch überregionale Zusammenarbeit. Um die bemühte sich Nürnberg seit 1457.[179] Widerstand gegen bessere Überwachungsmaßnahmen kam insbesondere von der Produzentenseite, und zwar aus durchaus verständlichen Motiven. Der kleinteilig strukturierte fränkische Weinbau war, um überleben zu können, auf den Verkauf in Nürnberg angewiesen. Dort galten bisher schon die ungeliebten gewinnschmälernden Höchstpreisverordnungen. Da aufgrund der klimatisch ungünstigen fränkischen Lagen in schlechten Weinjahren der Übersäuerung nur durch die Beigabe von „Gemächten" abzuhelfen war, empfanden die Winzer die aus Nürnberg kommenden Reinheitsvorschriften als Angriff auf ihre Existenz.[180]

Es dauerte geschlagene fünfundzwanzig Jahre, bis auf einer Versammlung in Mainbernheim der Durchbruch gelang. Mit den Bischöfen von Bamberg und Würzburg, dem Markgrafen Albrecht von Ansbach und der Reichsstadt Nürnberg waren dabei die wesentlichen betroffenen Regierungen vertreten. Die Nürnberger Gesandten, der Losunger Ruprecht Haller und der Alte Genannte Niclas Groelant, überzeugten die Teilnehmer mit ihrem eindrucksvollen Bericht über 81 Todesfälle infolge der Weinverfälschungen.[181] Ob die Todesursache tatsächlich zutraf und überdies medizinisch gesichert feststellbar war, sei dahingestellt. Aber selbst wenn der Bericht nur Stimmungsmache gewesen sein sollte: Auf einer kurz darauf anberaumten Tagung in Kitzingen einigten sich die gleichen Parteien schließlich auf eine gemeinsame „fränkische" Weinordnung nach dem Nürnberger Vorbild. Sie ließ im Anschluss an die vollständige Durchgärung die Schönung mit Milch und Eiern sowie eine begrenzte Schwefelung zu. Den „Kitzinger Abschied" machte Nürnberg den (großenteils an seinem Weinmarkt vertretenen) weinproduzierenden Reichsstädten Straßburg, Esslingen, Rothenburg, Schwäbisch Hall, Heilbronn, Windsheim und Schweinfurt bekannt. Also alles im Griff? Leider nur scheinbar. Einschränkend muss angefügt werden, dass die Ordnung nicht gerade mit großem Eifer vollzogen wurde; sie erlangte außer in Nürnberg in den beteiligten Herrschaftsgebieten nicht einmal Gültigkeit. Aber sie diente als Grundlage für den Nürnberger Rat, die „Schwefelfrage" höchstinstanzlich regeln zu lassen.

Denn 1487 gelang es ihm bei einem eigens einberufenen Reichskonvent unter Kaiser Friedrich III., die Nürnberger Weinordnung – sogar hinsichtlich des Schwefelquantums – weitgehend durchzusetzen. Die teilweise wörtlich übernommenen Bestimmungen wurden gegenüber dem „Kitzinger Abschied" sogar noch verschärft. Sie untersagten *alle* Zusätze mit Ausnahme einer einmaligen Schwefelung, die außerdem dem Käufer angezeigt werden mußte, um eine mehrmalige Beimischung zu unterbinden. Für übermäßiges Schwefeln wurde eine Strafe von einem rheinischen Gulden pro Eimer sowie das Ausschütten des Weines angeordnet.[182] Wieder scheint Nürnberg die einzige Obrigkeit gewesen zu sein, die auf Einhaltung der Vorschriften pochte. Deshalb setzte der Kaiser ab 1489 Kontrolleure ein, die bei widerwilligen Landesherren die Vollstreckung der Ordnung durchsetzen sollten. 1498 bestätigte ein Freiburger Reichstagsabschied die Regelung in einer etwas entschärften Version und erließ damit auf der Grundlage des Nürnberger Satzungsrechts das erste deutsche Lebensmittelgesetz.[183] Das gern zitierte „bayerische Reinheitsgebot" für das Konkurrenzgetränk Bier wurde erst achtzehn Jahre später erlassen.

Dass auch die Erhebung eines städtischen Erlasses in den staatlichen Rechtskanon keineswegs automatisch mit seiner umfassenden Durchsetzung einhergeht, beweisen nicht nur heutige Weinskandale, sondern bereits ein Vorfall aus dem Jahr 1542, als die Nürnberger etliche Fässer geschmierten Weins in die Pegnitz laufen ließen. Der Ansbacher Markgraf Albrecht verwahrte sich im Namen des betroffenen Neustädter Bürgers

Eine Fuhre Schmierweinfässer befindet sich auf dem Weg zur Fleischbrücke, wo ihr Inhalt der Pegnitz übereignet wird. Die beigegebene Beschreibung dieses Kupferstichs verrät uns nicht nur diesen Sachverhalt, sondern auch den Standort: Das Fuhrwerk passiert das Schulgässchen und die Schau (das reichsstädtische Prüfamt). Die Fässer werden also wohl am nahen Weinmarkt unliebsam aufgefallen sein. Der Stich von I. M. Burucker aus dem Jahr 1618 zeichnet übrigens die letzte dieser Strafaktionen nach.

und Weinhändlers Hanns Häfelein gegen diese Strafmaßnahme. Die nürnbergischen Ratsherren verwiesen in ihrem Antwortschreiben auf die im vorigen Jahrhundert erlassenen Reichsgesetze, nach denen er nicht anders habe handeln können.[184]

Die meisten der beschriebenen Beimengungen mögen gesundheitsschädlich und/oder verboten gewesen sein, dienten aber der Qualitätssteigerung. Anders ist das bei den typischen Weinpanschereien mit reiner Betrugsabsicht, deren gängigste das Strecken mit Wasser darstellt. Der schon erwähnte Hans Folz tadelt sie als harmloseste Weinfälschung,[185] was bei der häufigen bakteriellen Verseuchung des Wassers nicht unbedingt zutreffen musste. So war der Zusatz von Wasser in Nürnberg sicher aus gesundheitlichen und qualitativen Gründen verboten. Allerdings hielt es die Obrigkeit für ungefährlich, wenn ein Fassinhalt, der sich beim Transport gesetzt hatte, mit Wasser wieder aufgefüllt wurde.[186] Wein konnte natürlich auch mit minderwertigen Sorten gestreckt, also verschnitten werden. Die Vermischung von Weinen unterschiedlicher Herkunft wurde deshalb immer wieder – als Fassware sowie in den Schenken – untersagt.[187] Dagegen durfte bei Gleichwertigkeit (also z. B. Frankenwein untereinander) verschnitten werden, die Mischung aber erst drei Tage darauf in den Ausschank gelangen.[188] Eine weitere Form des Betruges stellte Wein dar, der aufgrund falscher Deklaration einen höheren Preis erzielen sollte; aus dem Schweigen der Verordnungen dazu läßt sich schließen, dass die Nürnberger sich davon nicht betroffen fühlten. Das mag für die Qualitätsarbeit der städtischen Weinkieser sprechen, die solche Versuche vermutlich im Keim erstickten. Machtlos waren die Kieser hingegen gegen diverse Manipulationspraktiken an den Fässern zur Verringerung des Fassungsvermögens, wie sie z. B. 1612 beklagt wurden.

Seit der Weinordnung von 1439 begründeten die Ratsherren den entschiedenen Willen, den Bürgern ‚reinen Wein' einzuschenken, mit der gesundheitlichen Vorsorge; auch dieser Passus wurde in die Reichs-Weinordnung übernommen. Der immer wiederkehrende Satz liest sich in der *Verneuerten Ordnung am Weinmarckt* von 1612 so: *Dieweil auch ein Ehrnvester Rath auß klärlicher unterrichtung gelehrter vnd bewerther Ertzt und Doctorn, wie auch in täglicher erfahrung befinden, was für schwere seuchten vnd kranckheiten die gefehrliche gemecht, vermischung vnd verenderung der Wein, menschlicher natur, auch eins theils derselben verkürtzung des lebens, abgang vnd verhinderung leiblicher früchte mit sich bringen ...* Zu den im Text erwähnten konsultierten Ärzten gehörte z. B. Hieronymus Münzer, den der Rat 1478 beauftragt hatte, ein Gutachten über die gesundheitsschädlichen Wirkungen von Weinverfälschungen zu erstellen. Nach einjähriger Arbeit legte Münzer ein Werk vor, das einer Zusammenschau des medizinischen Wissens seiner Zeit entsprach. Als Lehrmeinung herrschte die Säftelehre, die heutzutage nicht gerade im Ruf naturwissenschaftlicher Exaktheit steht.[189] Befürchtet wurde vor allem der durch Panscherei verursachte vorzeitige Abgang der Leibesfrucht, was auch unseren beständigen Begleiter durch die Nürnberger Weingeschichte Hans Sachs 1536 besonders bewegt: *Milch, tahen (Ton), schwefel und prantwein, / Wayd-daschen, holler und todtenbeyn, / Scharlach-kraut, schmir und ander gfer. / Dardurch kommen viel kranckheyt her / Den Menschen und den schwangern weibn. / Deine gmecht thund ir frücht ab-treybn.*[190] Besonders sensibel reagierte der berühmte Humanist Konrad Celtis, der als Sohn eines Winzers in dem nahe Volkach gelegenen Wipfeld zur Welt gekommen war. Der Weinliebhaber hatte vielleicht aufgrund eigener schlechter Erfahrung mit Schmierweinen in seiner sonst sehr wohlwollenden Beschreibung der Reichsstadt *De situ ... Norimbergae* vom Rat in kluger Argumentation gar die Todesstrafe für Weinpanscher gefordert: *Wahrlich die ewigen Höllenstrafen verdiente jener, welcher den sogar zu heiligen Handlungen verwendeten Wein, die Labung des menschlichen Körpers, vergiftet und verderbt. ... Wenn Ihr, weiseste Herren des Rats, die Waren- und Münzfälscher mit dem Tode bestraft, welche Strafe müßte nach diesem Maßstabe jener erleiden, welcher so vielen, die gefälschten Wein trinken, Tod oder tödliche Seuchen bringt! ... Darum, weiseste Väter der Stadt, die Ihr doch gegen den Giftmord denselben Schutz gewähren wollt, wie gegen den Straßenraub, müßt Ihr nicht nur die das verheerende Gift bergenden Fässer in die Fluten des Flusses versenken, sondern auch jene, welche solches bereiten und verbreiten, lebendig den lodernden Flammen übergeben.*[191]

Die Obrigkeit schloss sich indes den harschen Forderungen des Humanisten nicht an. Wenn man liest, dass 1501 zwei Weindiebe für ihr Vergehen geköpft wurden,[192] scheint der Unmut Celtis' durchaus verständlich. Die Strafandrohungen für „Weinschmierer" fielen demgegenüber gnädig aus.[193] Sie reichten vom zwangsweisen Ausführen des gepanschten Weins über empfindliche Geldbußen bis zu Gewerbeverboten und der bereits 1409 bezeugten Ausweisung aus der Stadt. In einem Fall aus dem Jahr 1313 dachte man noch nicht sonderlich gesundheitsbewusst, mit Leim versetzter Wein wurde dem Spital überlassen. Eher allgemein sprechen die frühen Satzungsbücher außerdem von Strafen an Leib und Gut. Um durch öffentliches Aufsehen die abschreckende Wirkung zu steigern, fuhr man die Fässer üblicherweise unter Paukenschlägen auf einem Wagen mit roter und weißer Fahne und der Aufschrift „Weinschmier" zur Fleischbrücke, wo ihnen der Boden ausgeschlagen und der Inhalt in die Pegnitz geschüttet wurde.[194]

Wie aber stellte man zu einer Zeit, da kein chemisches Prüflabor zur Verfügung stand, überhaupt fest, ob einem Wein verfälschende Stoffe beigesetzt waren? Die sensorische Beurteilung des Weines mit Auge, Nase, Mund durch die erfahrenen Experten wird die vorherrschende Methode gewesen sein. Die Fachliteratur empfahl über diese organoleptische Prüfung hinaus praxisgerechte Proben. Beispielsweise sollten auf den Wein gelegte Birnen auf dessen Wässerung hinweisen, wenn sie untergingen. Vorstellbar ist die Anzeige durch Nachbarn, häufiger werden kompromittierende Funde bei unangemeldeten Besuchen der Weinkieser in den Kellern vorgekommen sein. Bei den Wirten hat der Rat ab 1595 mehrfach „Visitationen" nach gepanschtem Wein durchführen lassen. Was mit den Produkten geschah, die bei der letzten dieser Razzien zu Anfang des Dreißigjährigen Krieges im Jahr 1618 beschlagnahmt wurden, verbreitete eigens ein Kupferstich. Übrigens erfuhr Bier, dem die Bierkieser Ungenießbarkeit attestiert hatten, die nämliche Behandlung. Für verdorbenen Gerstensaft fand die letzte Strafaktion über der Pegnitz etwas später, am 27. Dezember 1636, statt.

Preisfrage: Was kostet der Wein?

> Wer Wein lieb hat, der wirt nit reich.
> (Hans Sachs)

Eine Übersicht über die historische Entwicklung des Weinpreises zu geben fällt schwer. Im Unterschied zum Bierpreis formte er sich nicht kontinuierlich, sondern in enormen Schwankungsbreiten. Da die Frage nach dem Preis naturgemäß mit Zahlen verbunden ist, kommen wir um ihre Nennung hier nicht ganz herum. Nach Möglichkeit sind sie mit Vergleichsdaten kombiniert, die den Wert der abstrakten Beträge in Pfennigen, Kreuzern, Pfund und Gulden für uns vorstellbarer machen sollen. So lässt sich auch der Stellenwert ermitteln, den die Getränkeausgaben im Warenkorb der Angehörigen unterschiedlicher Bevölkerungsschichten eingenommen haben.

Der Weinkonsum war viel mehr als heute von Menge und Qualität des Jahrgangs abhängig. Ein erster noch wenig aussagekräftiger Hinweis begegnet uns in den Satzungsbüchern des 14. Jahrhunderts, wo ein einziges Mal ein konkreter Preis auftaucht. Für den ungeliebten heunischen Wein wurde der Höchstpreis auf drei Heller und für den fränkischen Wein auf vier Heller pro Viertel (= 2 Maß, 1 Maß = 1,084 l) festgelegt.[195] Wie beschrieben, war der gemeine Franken-, Neckar- und Tauberwein gesetzt, also mit maximalen Abgabepreisen versehen. Dies geschah zum einen, um die preisgünstige Versorgung der Bevölkerung auch in schlechten Weinjahren sicherzustellen und Wucher zu verhindern. Andererseits mag der Hintergedanke mitgespielt haben, damit den Aufschlag des Ungelds den Bürgern eher vermitteln zu können.

Nach 1400 sind Preisverordnungen ediert. Die erste überlieferte Eintragung betraf 1401 gleich eine Überschreitung des erlaubten Höchstsatzes durch einen H. Hutt, der für eine Maß 6 dn (Pfennig) nahm, 5 waren genehmigt. 1402 durften für die Maß neuen Weins nur noch 2 dn genommen werden, 1403 stieg der Preis wieder auf 4, im August gar auf 5 dn, um 1404 wieder auf 3 dn reduziert zu werden.[196] Die Pfennigbeträge klingen harmlos, doch verbergen sich hinter diesen Zahlen Abweichungen von über 100 %. 1404 galt für den Frankenwein im Handel das Limit 5 lb (Pfund) pro Eimer (73,7 l), was auf die Schenkmaß umgerechnet 2,34 dn bedeutet. Da der Wirt nur 3 dn verlangen durfte, ergibt sich, dass seine Gewinnspanne im Detailverkauf gering war. Zum Vergleich ein paar andere Lebensmittelpreise: Die Maß Bier kostete damals 1–2 dn, ein Pfund Fleisch lag etwa bei 2 dn.

Bis in die Mitte des 15. Jahrhunderts hatte sich der Preis für die Maß Wein auf etwa 5 dn erhöht und stieg bis 1495 weiter bis auf etwa 10 dn. Der Bierpreis blieb wesentlich stabiler, er erreichte 1495 gerade 2–2,5 dn. Das Pfund Fleisch war stets etwas teuerer als die Biermaß, 1495 kostete es 3–4 dn.[197] Die Ungeldeinnahmen des 15. Jahrhunderts lassen auf eine Konsumverschiebung von Wein zu Bier schließen. Sie wird wohl durch die unterschiedliche Verteuerung der Volksgetränke ausgelöst worden sein.

Welche Bedeutung das Hochschnellen des Weinpreises für den sprichwörtlichen Mann auf der Straße hatte, erschließt sich erst bei einem Vergleich mit seinem Einkommen. Ein Bauhandwerksgeselle erhielt pro Arbeitstag 1435 – 1464 gut 18 dn und 1495 27,6 dn, die Meisterlöhne lagen nur etwa 10 % höher. Wollte sich ein Tagelöhner um 1470 täglich eine Maß Wein gönnen, hatte er 59 % seines durchschnittlichen Einkommens dafür aufzuwenden, der Bauhandwerksgeselle immerhin 42 %.[198] Da dürfte es für den städtischen Bauarbeiter nur ein schwacher Trost gewesen sein, dass ihm sein Arbeitgeber nach alter Sitte jeweils am Martinstag ein Viertel Wein (2 Maß) spendierte.[199] Die Umrechnung macht deutlich, dass dem Weinverbrauch der einfachen Bevölkerung finanziell enge Grenzen gesetzt waren. Es wäre also falsch, von den nachweislich hohen Verbrauchsmengen einzelner vermögender Bürger auf die Gesamtbevölkerung zu schließen. Als Mitbetroffener der finanziellen Problematik fand Hans Sachs eine prägnante Sentenz, in der die ganze Wahrheit liegt: *Wer wein lieb hat, der wirt nit reich.*[200]

Nach 1500 verbilligte sich die Maß Wein zunächst auf etwa 8 dn, Bier verharrte bei 2 dn, das Pfund Fleisch stieg auf 4–5 dn. Im Verlauf des 16. Jahrhunderts klaffte die Schere zwischen Wein- und Bierpreis allerdings immer weiter auseinander. Diese Entwicklung ist nicht zuletzt den massiven Ungelderhöhungen in dieser Periode zuzuschreiben. Der Preisaufschlag pro Schenkmaß machte bis 1546 etwa 3 dn aus, 1552 stieg er auf 5 dn und 1564 auf 7 dn. Um 1600 erreichte bzw. überstieg der Wein nach recht kontinuierlichen Erhöhungen (mit Ausnahme einzelner Ausreißerjahre) die 30 dn-Marke. Zur gleichen Zeit stand Bier bei 5–6,5 dn, Fleisch bei 10–16 dn.[201] Den Kaufkraftverlust gegen Ende des 16. Jahrhunderts zeigt besonders drastisch der Vergleich mit den Löhnen. Hatte die Maß Landwein bis dahin etwa ein Drittel des Tageseinkommens eines Tagelöhners verschlungen, so stieg dieser Anteil nunmehr auf über 80 %.

Obwohl der Vorgang „Bezahlung eines Weinzolls" alltäglich war, ist es die große Ausnahme, dass wir uns ein konkretes Bild davon machen können. Wir verdanken es Lorenz Fries, der in seiner Würzburger Bischofschronik das Privileg des Guldenzolls zugunsten des Hochstifts Würzburg illustrierte: Ein Fuhrwerk hat ein Stadttor passiert, der Kutscher hält, begibt sich zum Mauthäuschen und entrichtet dem Zöllner die Ausfuhrgebühr. Die Plane des Wagens ist vermutlich zur einfacheren Kontrolle des Ladegutes hochgerafft. Die Fracht dürfte in Richtung Nürnberg gehen. Der Kampf der Reichsstadt gegen diese Sondersteuer blieb erfolglos.

Der Preisanstieg des Bieres verlief in wesentlich moderaterem Rahmen. Die Maß verteuerte sich in dieser Periode von einem etwa zehnprozentigen Anteil auf 14 %.[202] 1615 kostete die Maß besten Rheinweins 50 dn, sonstiger Rheinwein 48 dn und Frankenwein 36 dn.[203] 1622 schossen die Preise nach oben, was nicht nur an einer schlechten Ernte, sondern auch an der grassierenden Inflation während der so genannten Kipper- und Wipperzeit lag. Ein Ratsdekret vom 19. Juni setzte folgende Maß-Preise fest: Den besten Rhein- und Frankenwein gleichwertig 24 Kreuzer (24 x = 101 dn), gemeinen Frankenwein und guten Tauberwein 15 x (63 dn), schlechten Tauberwein 12 x (50 dn), Süßweine 40 x (168 dn).[204] Nebenbei lassen sich an der Verordnung die qualitativen Abstufungen bestens ablesen.

Während den ärmeren Schichten also enge Grenzen gesetzt waren, sich den Wunsch nach Rebensaft zu erfüllen, konnte die patrizische Oberschicht aus dem Vollen schöpfen. Nehmen wir den so genannten *Stadtwein*, der die Verhandlungen der Ratsherren flüssiger gestalten sollte, als Beispiel: 1491/92 wurde die gewaltige Menge von 188 Fudern (ca. 1.600 hl, 1 Fuder = 884 l) in den Rathauskeller eingelagert und weitere 101 Fuder verschenkt. Dieser Jahresankauf kostete 3.296 fl 3 lb oder umgerechnet 8 lb pro Eimer.[205] Zu großzügig hatte man nicht geordert,

107

die gleiche Quelle spricht von in der Losungsstube verzechten 190 Fudern. Die Sonntage eingerechnet entspricht dies einem Tagesumsatz von stolzen 460 Litern. Ende Mai 1527 fand für zwei Gäste aus Straßburg ein Ratsmahl statt, an dem zwanzig Personen teilnahmen, unter ihnen Albrecht Dürer. Von diesem Festessen hat sich die Stadtrechnung erhalten, in der der Wein mit 2 fl 24 dn den teuersten Posten einnimmt; die verspeisten 12½ Pfund Forellen waren drei dn billiger.[206] Auch der Süßwein floss damals im Bürgermeisteramt offensichtlich in beachtlichen Strömen. 1523 präsentierte der Hauswirt eine Weinrechnung über 360 Kandeln Rainfal für 204 fl 1 lb, 339 Kandeln Elsässer für 70 fl 12 lb 8 dn und 182 Kandeln Malvasier für 115 fl 5 lb 4 dn.[207]

Die bereits mehrfach zitierten Haushaltsrechnungen aus der patrizischen Oberschicht erlauben uns nicht nur einen Blick auf deren Konsumgewohnheiten, sondern auch in die zugehörigen Geldsäckel. Michel Behaim, der die Lagen um Wertheim und Tauberbischofsheim bevorzugte, zahlte im Zeitraum von 1490 bis 1511 pro Eimer zwischen 7 und 11 lb. Allerdings hatte er ein paar Ausreißer zu verkraften: 1490 kostete ein Eimer Frankenwein 13 lb 10 dn und 1492 zahlte er sogar 3 fl, das sind über 25 lb für nicht näher bezeichneten Wein. Von letzterem leistete er sich denn auch nur eine geringe Menge.[208] Abgesehen von diesen teuren Jahrgängen lag ‚sein' Eimerpreis im Schnitt bei 9,4 lb. Auf diesen Grundpreis muss das Ungeld aufgeschlagen werden. Der ‚Mehrwertsteuersatz' betrug in seiner Zeit 4 lb 6 dn pro Eimer, also etwa 40 %! Auf das Schenkmaß heruntergerechnet zahlte Michel Behaim 4,4 dn am Weinmarkt und zusätzlich 1,76 dn an den Ungelter. Als Visiergebühr fiel 1 dn pro Eimer an und die Schröter mussten natürlich auch entlohnt werden. Er wird demnach etwa 6,5 dn für die Schenkmaß aufgewendet haben. Die Gewinnspanne der Wirte, die zu jener Zeit etwa 8 dn für die Maß verlangen durften, war also gering. Selbst wenn man annehmen darf, dass sie etwas billigere Weine einkauften, versteht man ihre hartnäckigen Versuche, die Ungelderhebung zu umgehen.

Anton Tuchers Rechnungen zwischen 1507 und 1517[209] lassen die Preisunterschiede der einzelnen Sorten gut erkennen. Sein Basissortiment (Franken, Neckar und Bergstraße) war im allgemeinen zwischen 10 und 11 lb angesiedelt. Nur selten unterschritt er die Marke von 10 lb pro Eimer. Dies galt z. B. für den Erfurter mit 9,5 lb und für den Reuther Wein (aus Forchheim), für den er im Schnitt 8,3 lb hinlegte. Mit 7,25 lb noch etwas billiger war der für die Essigbereitung ausgewählte Tauberwein. Tuchers Liebe galt dem Rheinwein, den er am häufigsten bezog, und zwar für durchschnittlich 15 lb. Elsässer orderte er zweimal für 17 bzw. 18 lb. Süßweine kaufte selbst er nur in kleinen Mengen und verwandte sie meist als Geschenke. So verehrte er einem Freund und dessen Hauswirtin *2 firtel rot chardinalwein a 24 dn, 1 firtel malfesier a 52 dn und 1 firtel Ellßaser a 10 dn*. Teuer war auch der in Nürnberg an sich unbedeutende Osterwein, von dem er einmal sogar 16,5 Eimer à 23 lb kaufte, einmal begnügte er sich mit einem Viertel für 40 dn. Bei Gesamtausgaben von 926 fl pro Jahr wandte Tucher durchschnittlich für Wein 97 fl auf.[210] Die Kosten für den Wein wurden nur vom Haushaltsgeld für das Essen übertroffen (146,6 fl). Dennoch machten die laufenden Ausgaben für den Haushalt, in die er auch die Gesindelöhne und das Brennholz einrechnete, nur knapp 40 % seiner Gesamtausgaben aus. Über 60 % verschlangen Geschenke, Kleidung, Hausrat und Steuern.

Wenden wir uns schließlich noch einmal den Haushaltsbüchern Paul Behaims von 1548 bis 1568 zu. Die Eimerpreise der einfachen Weine betrugen inzwischen 25 bis 31 lb. Etwas teurer war der rote *Gensfuesser* mit 35,6 lb. Als „Gänsefüßer" bezeichnete man den renommiertesten (roten) Wein der Pfalz aus der Region um Neustadt und Speyer.[211] 1555/56 errechnete Behaim bei einem Gesamtbudget von 600 fl 5 lb 7 dn seine Ausgaben für Wein mit 109 fl 3 lb 5 dn und für Bier mit 28 fl 6 lb 13 dn. Es war zwar schon immer etwas teurer, einen besonderen Geschmack zu haben, doch müssten wir uns heute schon an Grand Crus aus dem Bordelais laben, um zu ähnlich hohen Quoten bei den Haushaltungskosten zu gelangen. Hält man sich das Durchschnittseinkommen des Bauhandwerksgesellen um diese Zeit, das bei etwa 25 fl im Jahr lag, vor Augen, wird erst richtig klar, dass der Wein seinen Weg zum Luxusgut hin gegangen war. Dabei gab es auch bei Behaim die teuren Welschen nur zu Festivitäten. Zur Taufe seines erstgeborenen Sohnes Paulus im Jahr 1549 steuerte er neben der Grundversorgung in Form von 10 Maß Wein und 36 Maß Met à 18 dn bei: 7 Maß Veltliner à 36 dn, 7 Maß Rainfal à 48 dn und 1 Maß roten Monte Brianza (vom Comer See) à 58 dn.

Auch den Ratsherren wurden wieder feine Tropfen kredenzt. Um 1555 stand der spanische Alle candy mit 56 dn pro Maß an der Spitze, es folgten der Peter Simonis mit 44 dn und der Rainfal mit 40 dn.[212]

Die Preisbildung der exklusiven Mittelmeerweine gründete sich nicht nur auf ihrem außergewöhnlichen Charakter, sondern war vor allem eine Folge der hohen Transportkosten. Ihre genauere Betrachtung gerät schnell unübersichtlich. Zu den eigentlichen Transportkosten wie Fuhr- oder Schifferlohn entstanden Ausgaben, die sich grundsätzlich aus drei Arten zusammensetzten. Obenan standen die Zölle zur Passierung eines Gebietes; zum Schutz von Personen und Waren mussten Geleitgelder entrichtet werden, und für die Geleitreiter fiel zusätzlich das „Fressgeld" an. Das „Schutzgeld" für ein großes Fass Wein betrug von München über Ingolstadt nach Nürnberg im Jahr 1383 einen halben Gulden.[213]

In einer Nürnberger Weingeschichte würde die Untersuchung der Transportkosten auf den einzelnen „Weinstraßen" zu weit führen, nur ein Beispiel sei anhand eines Weinkaufs der Stadt Nürnberg in der Umgebung von Schweinfurt durchgespielt.[214] Es handelte sich dabei um eine Fracht von 87 Fudern, 9 Eimern und 3 Vierteln Frankenwein (das entspricht gut 776 hl), die 1489 per Schiff und Fuhrwerken nach Nürnberg gebracht wurden. Der Einkaufspreis des Weines betrug bei einem Eimerpreis von 8 lb insgesamt 1628 fl 25 dn. Bereits vor dem Transport entstanden Ausgaben für:

• Ankauf von 73 Fässern	47 fl	15 dn
• Büttnerskosten für Putzen und Sprengen der Fässer	6 fl	1 ß
• Schrotgeld (2 dn/Eimer), Visiergeld (1 dn/E.), Unterkaufsgeld (1 hlr/E.)	22 fl	18 dn
	75 fl	39 dn

Transportkosten:	fl	lb	dn
Würzburger Guldenzoll	76		
Würzburgischer Turnosenzoll (12 dn neu/Fuder)	6		11
Zoll zu Schweinfurt (1 ß/Fass)	3		6
Zoll zu Mainberg (1 lb neu/Fuder)	12	6	27
Zoll zu Theres (2 dn neu/Fass)	1		28
Zoll zu Haßfurt (6 dn neu/Fuder u. 2dn neu/Fass)	3	5	26
Visiergeld zu Bamberg (4 dn alt/Fass)	1	2	26
1. Schiffslohn Schweinfurt-Bamberg (6 lb/Fuder + Trinkgeld)	30	5	
2. Schiffslohn Schweinfurt-Bamberg (5 lb/Fuder + Trinkgeld)	19	3	20
Hebegebühr von Schiff auf Wagen (12 dn/Fuder)	3	4	6
Wagengeld zu Bamberg (4 dn/Fuder, 2 dn/Fass)	2		40
Torzoll zu Bamberg (8 dn/Wagen)	2	2	
Fuhrlohn Bamberg-Nürnberg (16 lb/Fuder bzw. 2 fl/Fuder)	200	2	27
Zoll zu Bruck (3 dn/Fuder)		8	
Abladen in Nürnberg		16	
Einlegen in Keller	4	3	
Summe	**362**	**51**	**222**

Zum Schweinfurter Grundpreis von 1628 fl 25 dn addierten sich somit Faß- und Transportkosten in Höhe von 444 fl 27 dn. Schon bei dieser kurzen Strecke verteuerten sie den Warenwert um fast ein Viertel. An der Kostenaufstellung lässt sich besonders die Bedeutung des bischöflichen „Guldenzolls" ermessen, der, wie erwähnt, den würzburgischen Städtekrieg ausgelöst hatte. Kam die Ladung von der Frankfurter Messe, so hatte sie im ersten Drittel des 16. Jahrhunderts auf dem Schiffsweg bis Schweinfurt bereits 22 Zollstationen passiert. Dies mag genügen, um das Ausmaß der Beschwernisse im mittelalterlichen Güterverkehr deutlich zu machen.

Den Abschluss dieses Kapitels soll eine Angebotsliste der uns bereits vertrauten Weingroßhandlung Carl Giessing bilden, die uns mit der spröden Materie der Weinpreise wieder ein wenig versöhnen möge.[215] Der etwa 1898 erschienene Katalog verzeichnet als teuersten Frankenwein eine *1874er Riesling Würzburger Stein Auslese* für M 12,80. Zur fränkischen Toplage etwa gleichwertig rangierten die besseren Lagen in der Pfalz, die Auslese des *1893er Forster Ungeheuer* lag allerdings bereits bei M 20.-. Rheinhessen, Rheingau und Mosel waren etwas günstiger. Der deutsche Weißwein feierte damals gerade seinen weltweiten Höhenflug, für durchschnittliche Ware musste man zwischen zwei und vier Mark anlegen. Vermutlich nachfragebedingt lagen anders als heute die deutschen Rotweine darunter, für M 4,- war bereits eine Auslese zu bekommen. Interessanter ist freilich das weite Feld der französischen Rotweine. Wir treffen hier auf all die edlen Gewächse, deren Namen allein auf der Zunge zergehen – wobei es leider meist bleiben wird angesichts ihrer gegenwärtigen Unbezahlbarkeit für den Normalsterblichen. Man findet sich unschwer in Giessings Liste zurecht, denn die sakrosankte Klassifizierung der wichtigsten Weingüter aus dem Bordelais aus dem Jahr 1855 gilt bis heute unverändert fort. Bordeaux begann mit M 1,20 für einen einfachen 1896er *Médoc*. Über den 1888er Zweitwein von *Château Margaux* für M 8,- und den Erstwein aus dem gleichen Jahrgang für M 13,- gelangen wir zu *Château Latour, Château Haut Brion, Château Mouton Rothschild* und *Château Lafite*. Dessen damals knapp 30 Jahre alter *1870er Erstwein* war für angenehme M 20,- zu haben. Den Bordeaux-Freunden empfahl die Großhandlung denn auch, sich gleich zum Bezug eines Oxhoftes zu entschließen. Ein *Oxhoft* enthielt 220 Liter, eine Fassgröße, die heute als Barrique bekannt ist. Die roten Burgunder waren (wie derzeit) günstiger als Bordeaux. Ein *Grand vin* war mit M 10,- ange-

CARL GIESSING, NÜRNBERG
Königl. Bayer. Hoflieferant.

Rothe Bordeaux-Weine.

			1/1 Fl. incl. Glas ℳ
383	1889	Château Dufour Margaux .... (Grand Crû Médoc).	6.—
443	1888	Château Pontet Canet .... (Grand vin).	7.—
444	„	Château Margaux .... (II. vin 1888 Monopole de Cs. O'Canyer in Bordeaux).	8.—
445	1887	Château Cronquoy Calande	8.—
446	1880	„ Pichon Congueville.... (Grand Crû Médoc).	8.—
447	1887	Château Beausite............ (Crû Médoc).	9.—
448	1888	Château Cos d'Estournel	10.—
449	„	„ Mouton Rothschild	11.—
450	„	„ Rausan Ségla	12.—
451	„	„ Margaux .... (Ir. vin 1888 Monopole de Cs. O'Canyer in Bordeaux).	13.—
454	1887	Château Latour .... (Grand vin 1887 de Dubos Frères Bordeaux).	14.—
455	1878	Château Langoa .... (Bordeaux-Abzug).	15.—
456	1880	Château Haut Brion .... (Monopole Grand vin d'Eschenauer & Cie., Bordeaux).	16.—
457	1880	Château Mouton Rothschild	16.50
458	1874	„ Léoville Lascazes	18.—
459	1870	Château Lafite I Wein .... (Schloss-Abzug, Cruse & Fils Frères, Bordeaux).	20.—
460	1870	Château Gruaud Larose Sarget .. (Schloss-Abzug de Baron Sarget).	22.—
461	„	Château Latour I Wein .... (Schloss-Abzug).	25.—

Aus dem Sortiment der Weinhandlung Carl Giessing um 1898. Ein solches Angebot führender Häuser aus dem Bordelais bleibt heute wenigen Händlern vorbehalten. Lassen Sie sich die Namen – wie auch die Preise – auf der Zunge zergehen!

Weinkarte.

Pfalzweine:

1934	Grünstadter „Höllenpfad"	1.50
	Wachstum Mohr.	
1934	Deidesheimer „Hassert"	2.—
	Wachstum Bönnle.	
1934	Kallstadter „Kobnert"	2.—
	Wachstum Wingerverein.	
1933	Dürkheimer „Hochbenn"	2.10
	Wachstum Wingerverein.	
1933	Wachenheimer „Schenkenböhl"	2.10
	Wingerverein.	
1933	Herxheimer „Goldberg"	2.10
	Bez. Alf. Thomas Böhler.	
1932	Wachenheimer „Böhlig"	2.20
	Bez. Alf. Sag. Bürklin – Wolf.	
1931	Deidesheimer „Lautershöhle" Riesling.	2.35
	Bez. Alf. Reichsrat v. Buhl.	
1934	Dürkheimer „Haidfeld ü. Geyersböhl"	2.40
	Wachstum Wingerzgenossenschaft.	
1931	Forster „Ungeheuer"	3.—
	Bez. Alf. Reichsrat v. Buhl.	
1933	Ruppertsberger „Hoheburg"	3.40
	Bez. Alf. Sag. Bürklin – Wolf.	
1934	Forster „Jesuitengarten"	3.60
	Weingut Dr. v. Bassermann – Jordan.	

Frankenweine:

1934	Sommeracher „Katzenkopf"	2.—
	Bez. Alf. Fränk. Weingutsbesitzer.	
1933	Randersackerer „Marsberg"	2.20
1934	Escherndorfer „Lump" Sylvaner.	2.40
	Bez. Alf. Fränk. Weingutsbesitzer.	

Ausschnitt aus einer mit feiner Hand geschriebenen Weinkarte aus dem Hause Steichele um 1935. Pfälzer Tropfen dominieren. Besonders beliebte, günstige Schoppenweine sind offenbar bereits ausgetrunken. Während deren Rebsorte im Dunkeln bleibt, führen Rieslinge die Liste an. Mit v. Buhl, Bürklin–Wolf und Bassermann–Jordan beherrschen gediegene Topwinzer die Szenerie. Franken spielt eine untergeordnete Rolle, deutschen Rotwein sucht man vergebens.

setzt, *Clos de Vougeot* mit M 14,- und (Chambolles-)*Musigny* mit M 18,-. Auffällig ist das umfangreiche Angebot an Dessertweinen wie Portwein, Madeira, Marsala, Sherry, Malaga, Muscat. Hier treffen wir auch unseren alten Liebling wieder: Ein *Madeira Malvasier alt* kostete gegenüber früheren Zeiten bescheidene M 4,-.

Überblickt man die riesige Menschenmenge, muss der Urbanstag im Festkalender der Nürnberger dick angestrichen gewesen sein. Zu Ehren des Weinheiligen fand an diesem Übergangstag zur warmen Jahreszeit (25. Mai) das Urbanreiten statt, bei dem er um günstige Witterungsverhältnisse für den heranwachsenden Jahrgang angefleht wurde.

Feuchtfröhlich: Das Urbanreiten

> Pankraz und Urban ohne Regen
> bringt großen Erntesegen.
> (Wetterregel)

In Viktor von Scheffels Frankenlied heißt es in der zweiten Strophe: *Die Kelter harrt des Weines, / Der Winzerschutzherr Kilian beschert uns etwas Feines* ... Nun brachte der aus Irland stammende heilige Kilian bekanntlich den christlichen Glauben nach Mainfranken. Der mit der Verbreitung des christlichen Glaubens verbundene Messweinbedarf begründete zwar den fränkischen Weinbau, aber als Winzerpatron ist Kilian selbst nicht in Erscheinung getreten. Als der eigentliche Weinheilige gilt St. Urban, den seit dem späteren Mittelalter eine Weintraube als kennzeichnendes Attribut schmückt. Die Verehrung gilt einem Heiligen, der sich nicht auf *eine* historische Figur reduzieren lässt, sondern aus mehreren Personen dieses Namens zu einer Einheit verschmolzen ist. Seine wichtigsten historischen Vorbilder sind Urban von Langres († um 450) sowie für den deutschsprachigen Raum vor allem Papst Urban I. (222–230), zu dessen Tod es Wein geregnet haben soll.[216] Der Volksglaube sah den heiligen Urban zuständig für das rechtzeitige Ausbleiben der Fröste, die richtige Regenmenge und langen Sonnenschein, kurz: für den Wettersegen im Winzerjahreslauf. Die Urbansverehrung ließ in Weinregionen vielerorts am 25. Mai, dem Urbanstag, Prozessionen mit der Bitte um das Gedeihen der Reben entstehen. Der Termin scheint verständlich, fällt seine Wahl doch in die Zeit der Traubenblüte, oftmals wurde er mit dem Sommeranfang gleichgesetzt. Verbreitung fand der Brauch besonders in Franken, wo er bis Nürnberg ausstrahlte, was nebenbei einen weiteren Beleg für die hiesige Bedeutung des Weines liefert.

Allerdings nahmen die Nürnberger, deren persönliches Wohlergehen kaum von der meteorologischen Gunsterweisung des Weinheiligen betroffen war, die Angelegenheit nicht übermäßig ernst. Die Zugordnung ähnelte mehr einer Klamaukveranstaltung.[217] Voran schritten ein Stadtknecht und zwei Musikanten mit Schalmei und Sackpfeife, ihnen folgte der Träger eines mit kleinen Spiegeln und Gläslein behangenen Fichtenbäumchens. Nun kam Urban selbst, dargestellt von einem Weinrufer. Auf einem schlechten Pferd reitend trug er einen bunten, ebenfalls mit Glas besetzten Mantel sowie eine Narrenkappe. Er taumelte hin und her, da ein Begleiter für ihn einen silbernen Becher bereithielt, aus dem er sich immer mehr betrank. Auch die anderen Teilnehmer gingen keineswegs leer aus. Dem johlenden Publikum wurden auf diese Weise gleichzeitig die ehedem sprichwörtlichen Urbansplagen, will heißen: die Folgen der Trunksucht, demonstriert. Auf seiner anderen Seite ging ein Mädchen mit einem Tragkorb voller Spiegel und anderen Gläsern, die Urban verkaufte oder unter die hinterherlaufenden Kinder warf. Hinter dieser Konstellation trugen zwei Ablader oder Einleger große Flaschen an Stecken über den Schultern. Den Wein darin spendierten die unterwegs angesteuerten Wirte. Skandierend begleitete die Volksmenge den Umzug: „Der Orba (Urban) muss in den Trog." Sie spielte damit in freudiger Erwartung auf den Höhepunkt des Spektakels an: Regnete es am Tag des Umzugs, verhieß das einen schlechten Weinjahrgang. Urban wurde zur Strafe am Abend in einen Wassertrog bei der Lorenzkirche geworfen. Aber auch bei schönem Wetter entging er trotz verheißungsvoller Aussichten seinem nassen Schicksal nicht: Aus den Häusern begoss man ihn zum Abschluss mit Wasser. Schließlich können die besten Reben nicht gedeihen, ohne dass der Himmel ab und an seine Schleusen öffnet.

Die völlig in Vergessenheit geratene feuchtfröhliche Volksbelustigung scheint im Dreißigjährigen Krieg eingeschlafen zu sein, was sich mit dem Ende der Weinära in Nürnberg decken würde. Mindestens einmal durfte Urban aber noch vor einer staunenden Menschenmenge auftreten: Am Faschingsdienstag 1832 ritt er auf den Maskenball der vornehmen „Gesellschaft Museum". Das Defilée der dazu Geladenen stellte damals ein gesellschaftliches Ereignis ersten Ranges für die Nürnberger Bevölkerung dar;[218] ein Event, vergleichbar mit dem Auflaufen der Prominenz aus Politik, Kultur und Showbusiness zur Eröffnung der Bayreuther Festspiele.

Manche mögen's heiß: Der Nürnberger Glühwein

> Glühwein ist diejenige Form des Weines,
> in der der Wein nichts und das Gewürz alles bedeutet.
> (Theodor Fontane)

Wiewohl sich gewiss nicht alle Leserinnen und Leser für industriell gefertigten Würzwein erwärmen werden, bliebe eine Nürnberger Weingeschichte ohne den Glühwein unvollkommen. Im Laufe der letzten Jahrzehnte hat er sich fraglos einen Platz im winterlichen Getränkekanon der Deutschen erobert. Für diesen Aufstieg quasi aus dem Nichts heraus zeichnet ein überraschend verwickeltes Zusammenspiel aus Zufall, Erfindungsgeist und Durchsetzungsvermögen verantwortlich. So mögen bei der Spurensuche in einem bislang kaum beackerten Feld auch Pur-Weintrinker auf ihre Kosten kommen.

Wer auf exakte Rezepturen hofft, muss freilich enttäuscht werden. Die fein abgestimmten Aromen der Glühweine unterliegen ähnlicher Geheimniskrämerei wie das Coca-Cola-Rezept im Safe in Atlanta. Einige Anhaltspunkte für die Ingredienzien liefert das deutsche Weingesetz. Es definiert Glühwein als Rotwein, der mit Gewürzen wie Zimt, Nelken, Zitrone, Muskatnuß u.ä. sowie mit Zucker angereichert und erhitzt, nicht aber gekocht wird. Die Mixtur dürfte Ihnen bekannt vorkommen, sie ist uns bereits bei den mittelalterlichen Würzweinen begegnet. Wiewohl der Sache nach längst geläufig, scheint der nahe liegende Begriff *Glühwein,* abgekürzt aus *glühendem Wein* bzw. *geglühtem Wein,* erst im 19. Jahrhundert aufzutauchen.[219] Der verwandte Punsch enthält außerdem Orangensaft, seine Urrezeptur lässt Rum oder Arrak, Wasser, Tee, Zitrone und Zucker vermischen. Die Streckung mit Tee findet sich bei beiden Varianten. Der Rat der Europäischen Gemeinschaften kapituliert in seiner „Glühwein-Verordnung" vor den unterschiedlichen Komponenten, indem er sie im schönsten Juristendeutsch unter *aromatisierte weinhaltige Getränke* subsummiert.[220]

Als Fertigprodukt ist der Glühwein kaum älter als die EU. Er erfreut sich erst seit wenigen Jahrzehnten der Käufergunst – eine merkwürdige Entwicklung, die ohne die Strahlkraft des Nürnberger Christkindlesmarkts nicht denkbar gewesen wäre. „Dies Städtlein in der Stadt, aus Holz und Tuch gemacht" war spätestens in der Nachkriegszeit zum Inbegriff des romantischen Weihnachtsmarkts in Deutschland avanciert. Der uns heute so

Glühweinherstellung heute bei der Gefa: Diese drei jeweils 30.000 Liter fassenden Stahltanks sind in das Kellergewölbe des ehemaligen Tucherbräu-Geländes am Maxfeld eingepasst. Insgesamt stehen hier derzeit 13 Tanks mit einem Fassungsvermögen von 322.000 Liter.

vertraute Glühweinduft durchweht dessen Budenreihen indes frühestens seit den fünfziger Jahren; in einem Atemzug mit Bratwürsten und Lebkuchen wird er erst in den sechziger Jahren genannt. Vorher hatten sich seine Besucher gemeinhin mit Schnaps aufgewärmt. 1958 schenkten sechs Stände Spirituosen und Liköre aus, während für das leibliche Wohl zwanzig Brat- und Heißwursthändler sorgten. Insgesamt spielte das gastronomische Angebot damals eine weit geringere Rolle als heute, noch saßen die Geldbörsen nicht so locker für die vergleichsweise teuren Imbisse. Das damalige Sortiment der Marketender war mehr auf Gebrauchsartikel wie Textilien und Weihnachtsschmuck ausgerichtet. Mit „Heißgetränken" warben ein paar Händler zwar bereits 1949, nur verbargen sich hinter diesem Begriff noch Kaffee und Fleischbrühe. Am Spirituosenstand des Adolf Kobes konnten sich die Besucher immerhin bereits mit *Schl. Punsch*[221] aufwärmen – ein Schelm, wer die Abkürzung mit *schlecht* oder *schlicht* auflösen würde, gemeint war wohl *Schlesischer*. 1959 bot Karl Pfefferlein an seinem Stand neben Likör auch „Heißgetränke" an. Hier wird auch unsere Spur heiß, denn der heute von seiner Witwe Elisabeth geführte Traditionsstand war vermutlich der erste, der Glühwein ausschenkte. Seinen bis 1990 an Ort und Stelle „nach Großmutters Rezept" gebrauten Aufguss rundete eine Zitronenscheibe und „für gute Kunden" zusätzlich ein Schuss Rum ab. So sind die Anfänge jedenfalls in Eigengebräuen zu suchen, zumal Nürnberg in seinen Mauern damals keine Hersteller der Fertigware beherbergte. Wer eine solche ‚Rarität' ausschenken wollte, musste sie von weit her holen (z.B. von der Fa. Luana im pfälzischen Maikammer).

Wo aber bleiben die heute in der Budenstadt vertretenen Glühweinfabrikanten? Womöglich kam ein ‚Kleiner' unter ihnen als erster auf die entscheidende Idee, denn bereits 1963 boten die „Vereinigten Likörfabriken und Weinkellereien Probst & Schäfer" Schnaps und „Wein" feil. Im Fall der zweitgrößten Kellerei – der „Gefa" – lässt sich erstmals 1965 ein Bezug herstellen, indem sich in den Marktanmeldungen bei Karl Pfefferlein sowie bei der Gefa die handschriftliche Ergänzung „Heißgetränke" findet.[222] Dass hiermit unzweifelhaft unser Corpus delicti gemeint ist, geht aus einem städtischen Übersichtsplan des Christkindlesmarkts aus dem gleichen Jahr hervor, in dem erstmals Verkaufsstände unter *Spirituosenausschank, Glühwein* rubriziert werden.[223] Die Jahreszahl 1966 markiert den endgültigen Durchbruch: Der Glühwein geht offiziell in die Annalen des Christkindlesmarkts ein, indem Pfefferlein, Probst & Schäfer wie auch die Gefa ihn neben ihrem angestammten Sortiment als „Verkaufsware" aufnehmen.[224]

Der Spirituosen- und Likörhersteller *Gefa* hatte es neben seinen eigenen Spirituosen und Likören zunächst mit einem anderen Heißgetränk versucht: Grog. Der Kaufmann Richard Blokesch (1901 – 1983) präsentierte den mit Wasser gestreckten und gesüßten Rum als typisches Weihnachtsgetränk aus seiner schlesischen Heimat. Als Spross des ebenso altehrwürdigen wie bedeutenden Breslauer Familienunternehmens Gotthard Meisner, Brauerei „Alter Weinstock", war Blokesch 1946 als Vertriebener in das zerstörte Nürnberg gekommen und versuchte mit der 1948 gegründeten Ge(tränke)fa(brik) die Familientradition fortzusetzen. Der Krieg hatte den Unternehmer Heimat und Existenz gekostet, nun erwies er sich für ihn einmal als glücklicher Umstand: Vom Bombenhagel zerstört hatte das seinem Betrieb in der Feldgasse 39 benachbarte Betriebsgelände der Freiherrlich von Tucherschen Brauerei am Maxfeld zum Verkauf gestanden. Blokesch griff zu, denn die weit verzweigten Kellergewölbe der Brauerei waren in großen Teilen unversehrt erhalten geblieben. Noch heute befinden sich in ihnen die unterirdischen Tanks und Produktionsstätten der Gefa.

Großer Erfolg war der Gefa mit schlesischem Grog im weihnachtlichen Nürnberg nicht beschieden. Wann der Glühwein erstmals zum Einsatz kam, muss offen bleiben. Nach den offiziellen Beschickerlisten des Christkindlesmarkts widmete man sich 1960 bis 1965 dem Ausschank von Likör und nahm erst 1966 zusätzlich den heutigen Marktrenner auf.[225] Die mählich steigende Nachfrage bewog die Kellerei, Glühwein zusätzlich in Flaschen abzufüllen und im Lebensmittelhandel zu vertreiben. Das angestammte Sortiment aus Likören und Spirituosen geriet gegenüber dem 1977 markenrechtlich geschützten „Nürnberger Rauschgoldengel Glühwein" zunehmend in den Hintergrund. Heute liegt der Anteil des Glühweins am Gesamtumsatz der „Gefa Nürnberger Likörfabrik", deren Eigentümer seit 1965 Dieter Blokesch, der Sohn des Firmengründers ist, bei etwa 60 Prozent. Die Produktion läuft von September bis Dezember, in den Spitzenzeiten wird das Stammpersonal von sechs Mitarbeitern um etwa 50 Saisonkräfte aufgestockt. 1976 übernahm die Gefa ihren Konkurrenten „Probst & Schäfer". Die Firma existiert unter ihrem alten Namen weiter, hat ihre ehemals auf Spirituosen ausgerichtete Produktion inzwischen aber weitgehend auf Heidelbeerwein umgestellt.

Just im entscheidenden Jahr 1966 betrat eine weitere Kellerei die Bühne des Christkindlesmarkts: „E. Vollrath & Co." bot neben ihren Spirituosen die Spezialität Glühwein aus Heidelbeerwein. Die Firma war keineswegs eigens zu diesem Zweck gegründet worden, im Gegenteil: E. Vollrath kann in der Branche auf eine wesentlich längere Tradition zurückblicken als die anderen Glühweinhersteller. 1855 hatten die vormaligen Hopfenhändler Anton Ertheiler und Eduard Vollrath das Unternehmen in Nürnberg zur Produktion von Likören und Spirituosen angemeldet. Eduard Vollrath, der als Magistratsrat und 1. Stellvertretender Standesbeamter auch öffentliche Ämter bekleidete, schied zwanzig Jahre später aus dem Unternehmen aus, um es seinem Kompagnon allein zu überlassen. Um 1880 gab Ertheiler (auf den sich das Initial E. im Firmennamen bezieht) dem Schicksal der Firma die entscheidende Wendung, indem er einem auf die Standortsicherung bedachten Appell des bayerischen Landtagsabgeordneten Dr. Frank folgte: *Man solle die in die Millionen gehenden Beerenschätze des bayerischen Landes ausnützen, anstatt für Bordeauxweine Geld ins Ausland fließen zu lassen.*[226] Als einer der ersten Betriebe in Deutschland begann E. Vollrath Heidelbeerwein zu keltern. Auf diese Weise einem neuen Volksgetränk den Weg ebnend, stieg man schließlich zur größten Heidelbeerweinkelterei Deutschlands auf. Die Begriffe

Heidelbeerwein und Vollrath bilden seither ein unzertrennliches Paar. Als die Betriebsräume im Stammgebäude Theresienstraße 9 und in einigen Mietskellern der Nachfrage nicht mehr nachzukommen vermochten, kaufte August Ertheiler, der die väterliche Firma 1900 übernommen hatte, Brauereianwesen am Webersplatz 4 und in der Wöhrder Hauptstraße 13-15 (vormals Brauhaus Wöhrd) hinzu, die zu Brennereien und Keltereien umfunktioniert wurden. In ihren besten Zeiten beschäftigte die *Compagnie* etwa 100 Menschen. Im Ersten Weltkrieg, den die Betriebe ohne schwere Verluste überstanden hatten, fungierte August Ertheiler als Referent für Ernährungsfragen im preußischen Kriegsministerium. Als von der nationalsozialistischen Judenverfolgung Betroffener emigrierte er 1938 in die Schweiz und musste das Unternehmen seinen Direktoren überlassen.

Das gediegene Palais stand als Zentrale der Heidelbeerweinkelterei E. Vollrath & Co. bis zu seiner Zerstörung 1945 an der Theresienstraße 9. Die Büros der Direktion lagen im 1. Stock, im Erdgeschoss fand die Auslieferung statt. Natürlich versäumte man nicht, zum Fototermin die betriebseigenen Fuhrwerke zu versammeln. Heute befindet sich an dieser Stelle der Vollrath-Laden mit Vinothek.

Der große Bombenangriff vom 2. Januar 1945 vernichtete das Palais in der Theresienstraße vollständig sowie die Produktionsstätte am Webersplatz weitgehend. 1950 kehrte August Ertheiler nach Nürnberg zurück und übernahm seine bis dahin treuhänderisch verwaltete Firma wieder, darüber hinaus engagierte er sich später zusätzlich als Mitbegründer und Stiftungsrat der Deutschen Forschungsanstalt für Lebensmittelchemie in München.[227] Infolge ihrer starken Zerstörungen kam der Wiederaufbau der Kelterei am Webersplatz einem Neuanfang gleich. Er erfolgte in bescheidenem Rahmen bei drastisch reduzierter Belegschaft. In den ersten Nachkriegsjahren wurden vor allem Wermut und Spirituosen für den Gaststättenbedarf produziert, die Nachfrage danach schwand aber rasch wieder. Die Heidelbeerpressung in den firmeneigenen Vorkriegsanlagen hatte man Mitte der fünfziger Jahre aufgegeben, sie ist seither an Auftragskellereien im Bayerischen Wald vergeben. Heute werden dort vorwiegend aus Amerika importierte Zuchtbeeren verarbeitet. Nach dem Tod des Eigentümers im Jahr 1960 verkaufte die Witwe das Unternehmen an die Humbser-Bräu in Fürth, die später in der Patrizier-Bräu aufging. Familiäre Bande zur Gefa bestimmten die 1990 erfolgte Verlegung des Firmensitzes in die Feldgasse 39: Dieter Blokeschs Tochter Claudia Blokesch wurde geschäftsführende Gesellschafterin. Unter ihrer Leitung expandiert E. Vollrath wieder als Premiummarke für Glühwein aus Heidelbeerwein. Um seinen Qualitätsanspruch zu unterstreichen, eröffnete Vollrath 1999 im ehemaligen Stammhaus an der Theresienstraße eine Vinothek, die neben den eigenen Produkten eine persönliche Auswahl von Weinen aus aller Welt präsentiert.

Spazieren wir von jenem Ort wieder die wenigen Schritte hinunter zum weihnachtlichen Markt. 1969 hatte die „Edelbranntweinbrennerei Thomas & Gerstacker" erstmals den Zuschlag für einen Spirituosenstand erhalten. Ihr Doppelname entspringt einer Fusion: Der Destillateur Franz Thomas besaß vor dem Zweiten Weltkrieg ein Weinfachgeschäft in der Nürnberger Vorderen Sterngasse 32. Hier hatte er 1933 auch mit der Fabrikation von Likören und Spirituosen begonnen.[228] Der Kaufmann und Kunstmaler Friedrich Gerstacker (1914 – 1989) stammte aus Nürnberg. Ohne jemals NSDAP-Mitglied gewesen zu sein, hatte er mit zeitgemäßer Heldenmalerei die Periode des Nationalsozialismus finanziell recht erfolgreich überstanden. Die Geburtsstunde der Weinkellerei „Friedrich Gerstacker & Co" schlug im September 1945, als er die Brennerei Hans Engelbrecht in der Fürther Königstraße 92 erwarb.[229] Als vormaliger Teilhaber

Eine
Heidelbeerwein-Gärhalle.

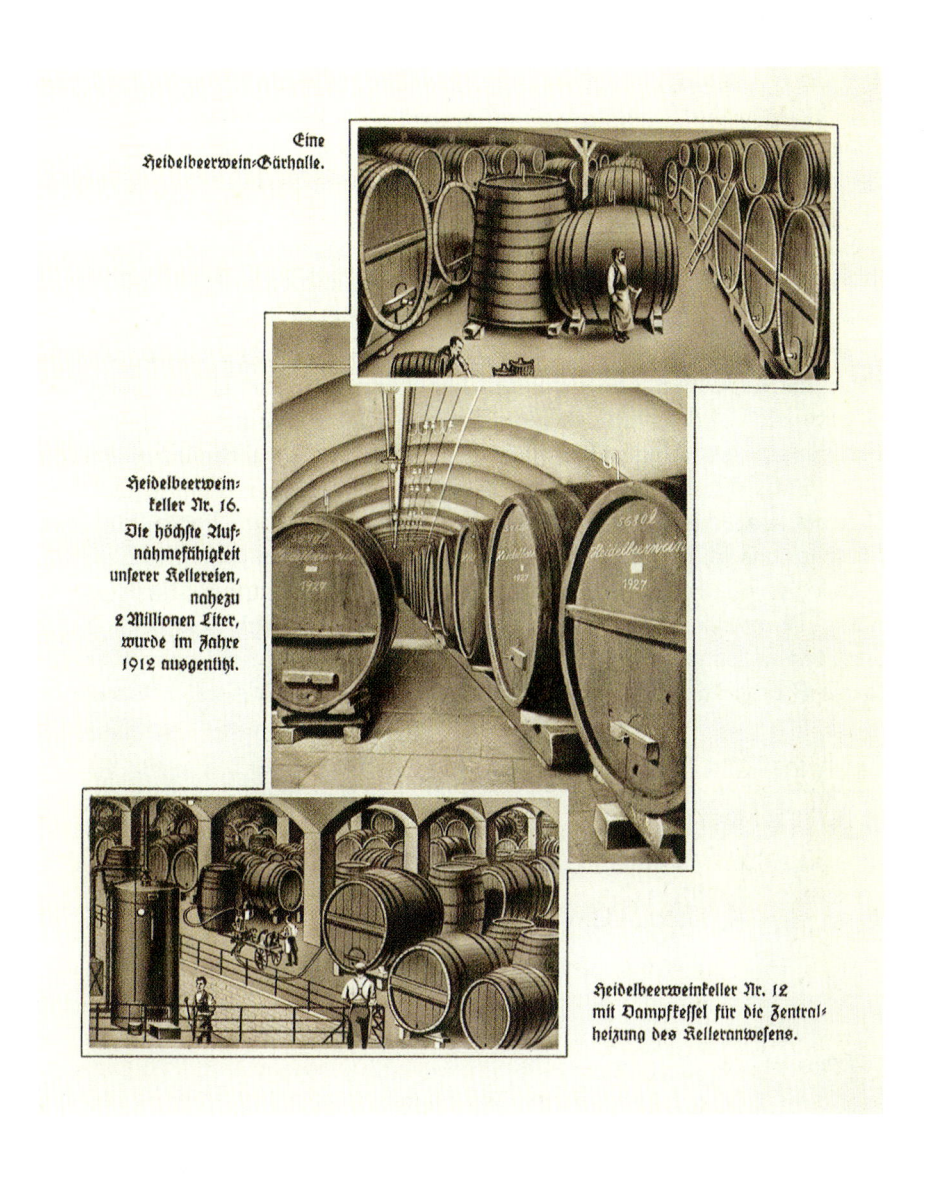

Heidelbeerwein-
keller Nr. 16.
Die höchste Auf-
nahmefähigkeit
unserer Kellereien,
nahezu
2 Millionen Liter,
wurde im Jahre
1912 ausgenützt.

Heidelbeerweinkeller Nr. 12
mit Dampfkessel für die Zentral-
heizung des Kelleranwesens.

Unterirdisches Nürnberg am Webersplatz: Einblicke in die Produktion beachtlicher Mengen Heidelbeerweins in den Kellern von E. Vollrath & Co. im Jahre 1927.

und Geschäftsführer war der frisch gebackene Unternehmer mit dem damals ungenutzten Betrieb bestens vertraut. Die Genehmigung der amerikanischen Militärbehörde war möglicherweise auch deshalb schnell zu erlangen, da sie den Produkten selbst sehr aufgeschlossen gegenüberstand. „Weinhaltige Cocktails" standen noch nicht auf dem Plan: Die Gewerbeanmeldung von 1945 sah den Geschäftszweck neben der Fabrikation von Spirituosen in der Herstellung von Hefe, Essig und Grundstoffen für alkoholfreie Getränke. Die Rohstoffe lieferten fränkische Obstgärten, in den Notjahren unmittelbar nach dem Krieg fanden allerdings vor allem verdorbene zuckerhaltige Lebensmittel ihre nutzbringende Bestimmung als Branntwein. 1947 vereinigten sich die beiden Betriebe zu „Thomas & Gerstacker", was Gerstacker einen professionellen Destillateur für sein anfangs fünf Mitarbeiter zählendes junges Unternehmen einbrachte. Das Geschäftsgebäude unweit des Fürther Rathauses mag älteren Fürthern heute noch als Sitz des „Burgverlies" in Erinnerung sein. So hieß ein Weinlokal, das Friedrich Gerstackers Gattin Anna betrieb. Die Bezeichnung „Burgverlies" war trefflich gewählt, fand man sich dort doch in einem romantischen Kellergrotten-Ambiente wieder, in dem auch manche lokale Prominenz verkehrte. Als Franz Thomas' Sohn Adolf 1956 starb,

So sah die erste überregionale Werbeaktion für den *Nürnberger Christkindlesmarkt-Glühwein* aus. Die konventionell-schlicht gestaltete Anzeige der Firma Gerstacker (damals noch Thomas & Gerstacker) erschien Mitte der siebziger Jahre in Zeitschriften.

ging die Firma komplett in die Hände seines Kompagnons über. Da die Königstraße keinen Raum für Erweiterungsbauten ließ, zog man 1961 knapp vor die Tore Fürths – nach Nürnberg. Was damals vielleicht einem bloßen geographischen Zufall entsprang, sollte sich später als entscheidendes Privileg für das Haus Gerstacker erweisen: Erst die Nürnberger Adresse ermöglichte die Zulassung zum Christkindlesmarkt. Südlich des Frankenschnellwegs, in der Siegelsdorfer Str. 31, entstand also der neue Firmensitz über einem großzügig dimensionierten Weinkeller, in dem etwa vierzig stattliche – bis zu 8.000 Liter fassende – Holzfässer Aufnahme fanden. Von hier aus unterhielt Gerstacker ein Vertriebsnetz im gesamten nordbayerischen Raum, um vor allem die Gastronomie mit Spirituosen und Wein zu beliefern. Unter dem Kunstnamen „Thoger", entsprungen der Zusammenziehung von Thomas und Gerstacker, brachte man sogar eigene Frankenweine auf den Markt. Als Jungweine bei unterfränkischen Winzern eingekauft, wurden sie in Nürnberg endausgebaut, also geschönt, filtriert und gelagert. Aus solchen Beziehungen erwuchs eine langjährige Zusammenarbeit mit der bekannten Winzergenossenschaft Repperndorf, für die man die Generalrepräsentanz in Mittelfranken erhielt. Einen weiteren kleinen Fisch an der Angel hatte Gerstacker mit dem Vertrieb des von der pfälzischen Winzergenossenschaft Kallstadt bezogenen Patenweins der Stadt Nürnberg, der in Weinzelten und auf Messen wie der Verbrauchermesse Consumenta offeriert wurde. Neben diesen heute fast vergessenen Handelsaktivitäten produzierte man bis in die siebziger Jahre hinein Spirituosen und Liköre. 1969 durfte die „Edelbranntweinbrennerei Thomas & Gerstacker" erstmals auf dem Christkindlesmarkt antreten. Dass gerade dieses Unternehmen zur unangefochtenen Nummer 1 auf dem Glühweinsektor aufgestiegen ist, kann weder als zufällig noch als mühelos bezeichnet werden. Als bemerkenswerte Melange aus Kreativität, Stehvermögen, reichlich Mut zum Risiko und hohen Investitionskosten verdient es diese Erfolgsgeschichte, ein wenig ausführlicher erzählt zu werden. Zu ihrem besseren Verständnis ist es angebracht, vorab eine bisher unerwähnte Rolle der Unternehmerfamilie Gerstacker zu beleuchten: die des Federweißer-Pioniers.

Den Mittelfranken machte Gerstacker den gärenden Most in den siebziger Jahren auf der Fürther Kirchweih schmackhaft. Selbstredend floss der Weiße wie auch sein Rotwein-Pendant „Roter Sauser" auch im firmeneigenen „Burgverlies". Heute noch führen die Getränkebuden auf der Fürther Kirchweih das – wie Erfahrene aus manchmal leidvoller Erfahrung wissen – in größerer Dosis keineswegs ganz ungefährliche Gebräu; für die Nürnberger hält Gerstacker einen Stand beim septemberlichen Altstadtfest bereit. Da die während des Gärprozesses in der Flasche entstehende Kohlensäurekonzentration explosive Folgen zeitigen kann, kam sein Einsatz im Lebensmitteleinzelhandel zunächst nicht in Betracht. So war es eben der findige Weinhändler Gerstacker, der auf die abseits der Weingebiete wachsende Nachfrage nach dem in Franken auch Bremser genannten Trunk reagierte. Um zur Ladenverkaufsfähigkeit der schnell verderblichen Ware zu gelangen, waren gleichermaßen technische und logistische Probleme zu lösen. Zunächst entwickelte man einen speziellen Verschluss, der die sich beständig bildende Kohlensäure entweichen lässt, den Inhalt aber schützt und somit auch die lebensmittelrechtlichen Vorschriften erfüllt. „Frischer" Federweißer setzt voraus, dass die Gärung erst im Laden startet, wo die – stehende, nicht liegende! – Flasche der Raumtemperatur ausgesetzt ist. Vom Winzerkeller bis zur Anlieferung darf die Kühlkette deshalb nicht unterbrochen werden. Diesem Umstand trug Gerstacker Rechnung durch den Aufbau eines lückenlosen Netzes aus Kühltankzügen, Kühltanks und Kühllagern bei den großen deutschen Handelsvertrieben. Seine Grundweine bezieht er hauptsächlich aus Venetien und der Emilia-Romagna, ein Federweißer aus deutschen Landen ergänzt das Sortiment. Obgleich sich mittlerweile Dutzende von Nachahmern in dem Metier tummeln, darf das Nürnberger Unternehmen nach wie vor die Marktführerschaft für sich beanspruchen. Auf den ersten Blick mag die Tatsache erstaunen, dass das Know-how im Umgang mit dem diffizilen Produkt ausgerechnet in einer Weinkellerei entwickelt wurde, die in keinem Weinanbaugebiet liegt. Vermutlich hat aber gerade die abseitige geographische Lage den Anstoß zur technischen Innovation gegeben. Die unterfränkischen Direktvermarkter dürften dem Problem des Flaschenversandes eher gleichgültig gegenüberstehen, da ihr Bremser ohnehin vor Ort ausgetrunken wird.

Wie dem auch sei: Das so geschaffene Direktvertriebsnetz sollte sich für Gerstacker bei der bundesweiten Vermarktung des lokalen Erfolgsprodukts Glühwein als besonders wertvoll erweisen. Die Konstellation Hersteller – Einzelhandel – Kunde unterschied sich allerdings in diesem Falle grundlegend von der beim Federweißen. Ging hier von Handel und Verbrauchern die Initiative aus, konnten sich zunächst weder Verkäufer noch deren Kunden für Glühwein erwärmen. Als Fertigprodukt haftete ihm ein scheinbar unüberwindlicher Makel an: Der Konsument assoziierte mit ihm miserable Weinqualitäten und ließ deshalb die Finger davon. Gerstacker stand somit vor der herkulischen Aufgabe, das Negativ-Image beim Verbraucher zu brechen, ihm quasi die Scheu davor zu nehmen. Doch damit nicht genug. Da der Handel Glühwein ob des ihm zugeschriebenen desaströsen Rufes für unverkäuflich hielt und seine Mitarbeit verweigerte, war man bei seiner Etablierung gänzlich auf sich allein gestellt. So blieb Gerstacker zunächst nur der Glaube an firmeneigene Stärken wie Überzeugungskraft, ideenreiches Marketing und nicht zuletzt ein gerüttelt Maß Hartnäckigkeit. Hans F. Gerstacker, dem seit 1974 an der Spitze des Familienunternehmens stehenden Sohn des Gründers, blieb es zusammen mit seinem Bruder Gerhard vorbehalten, diesen gleichzeitigen Kampf an verschiedenen Fronten erfolgreich durchzufechten – oder das Unternehmen in den Ruin zu treiben. Klar war: Der Endverbraucher musste mit unkonventionellen Methoden direkt angesprochen werden. Und wenn kaum jemand Geld für etwas ausgeben wollte, das nicht gerade als Objekt der Begierde erschien, mussten eben Gratisproben auf den rechten Geschmack bringen. Dazu mietete Gerstacker in der Adventszeit an einigen großen Kaufmärkten in der Region, später im ganzen Bundesgebiet, Flächen in den Eingangsbereichen an. Stimmungsvolle Weihnachtsbuden sollten dort mit einem Tässchen „Nürnberger Christkindlesmarkt-Glühwein" ein wenig Beschaulichkeit verbreiten. Gleichzeitig schenkten Werbedamen in diversen Supermärkten Probierschlückchen aus. Heute noch sieht Gerstacker in der Verkostung das probateste Mittel, die Kunden von der Qualität seiner Produkte zu überzeugen. Selbstredend wurde die Direktvermarktung von einem aufwändigen Umfeld begleitet: Mit großem Erfolg setzte man einige Jahre das Nürnberger Christkind persönlich wie auch auf dem Flaschenetikett ein. Um die Lauterkeit ihres Christkinds zu wahren, untersagte allerdings die Stadt Nürnberg später seine Teilnahme an kommerziellen Veranstaltungen. Umfangreiche Rundfunk- und Fernsehwerbung sorgte für den nötigen Bekanntheitsgrad, ohne den heute kein Produkt mehr durchzusetzen ist. Tatsächlich erwies sich die kombinierte Werbestrategie mit ihrem jährlichen Aufwand von 1-2 Mio. DM als überaus effektiv, denn Gerstackers Aktivitäten trugen binnen weniger Aufbaujahre reiche Früchte. Als der rasant steigende Zuspruch bis in die Handelszentralen drang, räumten sie dem Glühwein in ihren Regalen schnell Platz ein. Was könnte den Siegeszug des Heißgetränks besser verdeutlichen als der sprunghaft steigende Umsatz in diesen Aufbaujahren bei Gerstacker. Zwischen 1975 und 1980 verdoppelte er sich jährlich und lag 1980 bereits bei etwa vier Millionen Flaschen.

Als Glühwein-Marktführer in Deutschland deckt die Kellerei in der Siegelsdorfer Straße heute das breite Nachfragespektrum in zwei Qualitätslinien ab: Der hochwertige „Nürnberger Christkindles-Markt Glühwein" wird ergänzt durch die qualitativ und preislich darunter liegenden Sorten aus der „St. Lorenz-Weinkellerei". Als Grundlage dienen durchwegs italienische Tafelrotweine. Gefragt sind milde, gerbstoff- und säurearme Sorten, um die feinen Glühweinaromen nicht zuzudecken. Auf den Weihnachtsmarkt kommt in der Regel das Lesegut aus dem Vorjahr. Die hochwertige Variante erhält ausschließlich echte Gewürzaromen. Die Rezeptur entstand in Zusammenarbeit mit der Nürnberger Lebküchnerei E. Otto Schmidt. Mit Ausnahme von Heidelbeere entstammen die Gewürzbeigaben (Anis, Cardamom, Macisblüten, Muskat, Nelken, Orangen- und Zitro-

Der Export des *Nürnberger Christkindlesmarkt-Glühweins* in die europäischen Länder und darüber hinaus nach Amerika und Japan eröffnet die Gelegenheit zu einer weniger lokalbezogenen Präsentation. Hier stellt eine dunkelhäutige Schönheit den Kunden von Harrod's in London das Erzeugnis aus dem Hause Gerstacker vor. So viel Fröhlichkeit musste die britischen Herzen doch schmelzen lassen?

nenschalen, Piment, Zimt) weitestgehend überlieferten Lebkuchenrezepten. Der einfachere „St. Lorenz" enthält ätherische Öle als Geschmacksverstärker. Mit seiner breiten, so genannten Kurzhalskrugflasche kreierte Gerstacker eigens eine Flaschenform, die dem Kundigen bereits äußerlich den Weg weist.

Wer erfolgreich ist, bleibt nicht lange allein. Mit „viel Feind, viel Ehr" ließen sich die Prozessakten, die ihre Existenz gerichtlichen Auseinandersetzungen der Fa. Gerstacker mit örtlichen und auswärtigen Nachahmern verdanken, überschreiben. Häufig ranken sich die Streitfälle um zweifelhafte Etikettierungen. So ging es in den achtziger Jahren in mehreren Verfahren um die Herkunftsbezeichnung „Nürnberger Glühwein". Das Landgericht Nürnberg-Fürth schrieb im Sinne des guten Glaubens beim Verbraucher die Herstellung „in einer festen Betriebsstätte in Nürnberg" für diese werbewirksame Bezeichnung vor. Selbst für die Verwendung von Nürnberger Symbolen wie der Frauenkirche oder dem Schönen Brunnen muss diese Voraussetzung erfüllt sein.[230] Die Angabe „vom Nürnberger Christkindlesmarkt" erfordert zusätzlich, dass dieser Glühwein seit langem (seit Jahrzehnten) dort verkauft und ausgeschenkt wird.[231] Die Entscheidungen wurden notwendig, als ein Hersteller von der Mosel seinen Glühwein über einen kleinen Umweg „in Nürnberg" herstellte. Das vermeintlich schlaue Unternehmen ließ rotweinbefüllte Tankzüge ins Stadtgebiet fahren. Auf einem von der beklagten Firma angemieteten Gelände wurden dessen Ladekammern geöffnet, Gewürzessenz zugegeben und mit Rührwerken durchmischt. Anschließend fuhr der Tanklastzug an die Mosel, wo die Abfüllung erfolgte. Nicht immer ist es das heiße Alkoholikum selbst, das die Gemüter erhitzt. Als Dauerthema erweist sich der Terminus „Christkindles-Glühwein" als umgangssprachliche Kurzform für „Nürnberger Christkindlesmarkt-Glühwein". Diverse Fabrikanten produzierten „Christkindles"–Ausstattungen, deren mangelhafte Qualität die ebenso mühsam wie teuer aufgebaute Reputation des Nürnberger Glühweins trübte. Den Namensstreit entschied nach langjährigem zähen Ringen von Instanz zu Instanz das Bundespatentgericht im Jahr 2000, indem es die fränkische Dialektform „Christkindles" (wie auch das bayerische „Christkindl") als Marke europaweit für die Firma Gerstacker schützte.

Auch um die Qualitäten der für den Glühwein zu verwendenden Grundweine entbrannte ein Scharmützel. Zu Anfang der neunziger Jahre hatten einige auswärtige Konkurrenten große Mengen Fertigglühwein aus Spanien und Nordafrika importiert, um sie in Deutschland abzufüllen. Die

Ware stammte von billigen, aber alkoholreichen Rotweinen, die mit Wasser zu minderwertigen, alkoholarmen Glühweinen gestreckt wurden. Die Hersteller in Deutschland, wo das Weingesetz die Zugabe von Wasser untersagt, sahen nicht nur grimmig den Preisvorteil der Importeure, sondern auch den Ruf des deutschen Glühweins gefährdet. Die spanischen Glühweinhersteller hingegen setzten alles daran, die Möglichkeit des Wasserzusatzes im EU-Recht verankern zu lassen. Es waren wohl die wiederholten Interventionen der Fa. Gerstacker beim Bundesministerium für Landwirtschaft, die letztendlich den deutschen Standpunkt obsiegen ließen. Eine kuriose Wiederholung der Geschichte: Nach dem Kampf gegen die Weinfälschungen etwa ein halbes Jahrtausend früher setzte sich erneut eine Nürnberger Initiative zur Reinhaltung des Weines – nunmehr auf europäischer Ebene – durch!

Welche Sorte auch immer, der Fertigglühwein hat sich mittlerweile durchgesetzt – von November bis Februar. Danach geht allerdings nichts mehr. Nach wie vor macht Gerstacker etwa zwei Drittel seines Umsatzes mit den Winterprodukten Glühwein, Heidelbeerwein sowie diversen Erwachsenen- und Kinder-Punschen. Zur Abrundung brachte man 1998 – mit mäßigem Erfolg – den aus Weißwein gebrauten „Albrecht-Dürer-Glühwein" auf den Markt. Um die Produktion ganzjährig laufen lassen zu können, stehen auch in den anderen Jahreszeiten Saisonartikel bereit: Die Herbstmonate werden bekanntlich mit den Federweißen bestritten. Als Sommergetränke dienen traditionell Fruchtbowlen und Beerenweine, ergänzt seit einigen Jahren um „Cidre de la France". Um verstärkt jüngere Bevölkerungskreise anzusprechen, versucht man laufend neue ‚trendige' Getränke zu kreieren. Für die in der jungen Generation derzeit grassierende Modewelle exotischer Cocktails hat Gerstacker mit seinem „CulaLou" ein flippig-poppig-cooles Getränk in vier an karibische Genüsse erinnernden Geschmacksrichtungen gemixt, die sich in entsprechend knalligen Farben präsentieren. Die nackten Zahlen sehen indes weiterhin den Glühwein uneinholbar weit vorne: An den 30 Millionen Flaschenfüllungen im Jahr (Tageskapazität: 400.000 Einheiten!) sind der „Christkindles-Markt Glühwein" mit 10 Millionen und „St. Lorenz" mit 15 Millionen beteiligt. Damit zählt die Kellerei, die 1995 unter dem Firmennamen „Weico" einen modernen Zweigbetrieb im thüringischen Crossen errichtete, zu den großen deutschen Weinabfüllbetrieben in Deutschland. In Europa ist man bis in die russischen und baltischen Republiken vertreten, darüber hinaus sind Amerika und Japan erschlossen.

Kehren wir nach diesem ausführlichen Exkurs in die Firmengeschichte des größten Nürnberger Glühweinproduzenten ein letztes Mal zu dem Ort, wo ihn der genius loci ereilte, zurück. Bis 1990 produzierten manche Stände ihren Glühwein noch selbst mit Gaskochern. Seit dem Advent 1991, als eine städtische Weisung diese etwas riskante Zubereitungsweise untersagte, sorgen elektrische Durchlauferhitzer für die richtige „Betriebstemperatur". Da die Warmhalteautomaten mit bereits fertigem Glühwein befüllt werden müssen, markiert die Neuerung gleichzeitig das Ende der Eigengebräue am Markt. Mehrmals geändert hat sich das dazugehörige Trinkgefäß. 1990 wurden die Pfandtassen aus Porzellan eingeführt, die sich als Nürnberg-Souvenirs mittlerweile in aller Welt finden lassen. Anfangs war in Gläsern ausgeschenkt worden, denen wiederum Styroporbehältnisse folgten. Sie wurden abgelöst von durchsichtigen Plastikbechern, die beim Gang über das mit achtlos weggeworfenen Bechern übersäte

Christkind, Rauschgold-Glühwein und (rechts oben) der wissenseinflößende Trichter vereint am Christkindlesmarkt. Mehr der Nürnberg-Klischees lassen sich kaum auf einem Bild unterbringen. Möglich wird das im vorliegenden Fall durch Heike Steinbauer, das Christkind der Jahre 1981/82, die ihre Arme vor dem Gefa-Stand ausbreitet.

Pflaster ein beständiges, wenig romantisches Knacken vernehmen ließen. Derzeit schenken acht Stände am Christkindlesmarkt (und ein weiterer am Kindermarkt) Glühwein aus. Es herrscht Ausgewogenheit. Eine Hälfte beliefert die Fa. Gerstacker, die andere der Kellereienverband Blokesch mit den Firmen Gefa, Vollrath, Probst & Schäfer.

Dass die feststehende Redewendung „Nürnberger Glühwein" – übrigens neben dem „Thüringer Glühwein" – als geographische Angabe 1991 sogar zu EU-weiten Ehren gelangte,[232] darf getrost als Nebeneffekt der erfolgreichen Vermarktung des Christkindlesmarktes durch die hiesigen Hersteller nach dem Zweiten Weltkrieg gewertet werden. Als „Nürnberger Glühwein" dürfen sich danach heute nur Produkte bezeichnen, die in Nürnberg hergestellt werden und deren Hersteller ihren Firmensitz in der Stadt haben.

Nachlese

> Wo aber der Wein fehlt,
> stirbt der Reiz des Lebens.
> (Euripides)

Ein Fazit könnte lauten: Der Wein spielte in Nürnberg bis zum Dreißigjährigen Krieg eine bedeutende Rolle sowohl als Nahrungsmittel wie auch als städtische Einnahmequelle. Doch galt dies auch andernorts. Wenn selbst der gemeine Mann des bairischen Volkes *Tag und Nacht bei dem Wein sitzt*[233], wie der fein beobachtende Geschichtsschreiber Aventinus an der Schwelle zur Neuzeit konstatiert, kann seine Funktion als überall verbreitetes Volksgetränk keinen ernsthaften Zweifeln unterliegen. Seine Besteuerung bildete auch anderswo eine wichtige Säule des Etats. War also die Liebe der Nürnberger zum Rebensaft rein durchschnittlicher Natur? Da Detailstudien aus anderen Städten, die z. B. Bier- und Weinungeld trennen, fehlen, können über Besonderheiten des hiesigen Konsums, die ja überdies in Zusammenhang mit der Entfernung zu den Anbaugebieten gesetzt werden müssten, keine endgültigen Aussagen getroffen werden. Bemerkenswert erscheint zumindest der unbeugsame Wille, mit dem die Bevölkerung trotz aller Widrigkeiten wie Preisanstiegen und Missernten an ihrem offensichtlichen Lieblingsgetränk festhielt, bis die Zerstörung der önologischen Infrastruktur in der letzten Periode des Dreißigjährigen Krieges nur mehr die Alternative Bier übrig ließ. Die städtischen Ordnungen, aber auch überlieferte Haushaltsrechnungen diverser Nürnberger Patrizier bezeugen ein umfassendes Angebot aller damals verfügbaren Qualitäten am Weinmarkt, das der Dichter Rosenplüt bereits Mitte des 15. Jahrhunderts als unvergleichlich beschrieb. Einmalig war gewiss die umfangreiche juristische Begleitung des Umgangs mit Wein im Stadtrecht. Die Weinschenkordnungen, vor allem aber die beispiellose Zahl der Satzungen zu den Weinschmierereien bezeugen das ehrliche Bemühen der Obrigkeit, den Bürgern aus Sorge um ihre Gesundheit ‚reinen Wein einschenken' zu lassen. Nürnberger Regelungswut gepaart mit fränkischer Hartnäckigkeit mündete schließlich in das erste deutsche Reinheitsgebot für ein Lebensmittel. Insofern knüpft die heute führende Nürnberger Weinhandlung, gleichzeitig eine der Branchengrößen, an eine gute Tradition an. Sie hat es sich zur Aufgabe gemacht, mit ausschließlich natürlich produzierten Tropfen nicht nur Verkaufserfolge zu erzielen, sondern gleichzeitig zu versuchen, bei den Weintrinkern ein Bewusstsein für das Kulturgut Wein zu schaffen, um so letztendlich das vielschichtigste unserer Genussmittel vor Übertechnisierung und damit einhergehender Nivellierung zu bewahren. Es mag purer Zufall sein, dass solcherlei Initiativen gerade von Nürnberg ausgingen und ausgehen. Vielleicht entspringt die nüchterne Aufklärungsarbeit ja auch ein Stück weit der protestantischen Strenge fränkischer Lebensart.

Gleichwohl darf nicht verkannt werden, dass die vergangene Tradition der Stadt als süddeutsches Weinhandelszentrum heute ihre Fortsetzung vor allem in Herstellung und Vertrieb des Fabrikglühweins findet. Diese Erkenntnis mag den überzeugten Weinliebhaber zunächst nicht sonderlich entzücken. Andererseits lebt in dessen Vermarktung auch ein Stück des alten „Nürnberger Witzes" wieder auf. Schließlich trug die Bearbeitung und Umformung von importierten Produkten zur gewinnbringenden Weiterveräußerung maßgeblich zur Größe der alten Reichsstadt bei.

In diesem Zusammenhang drängt sich ein ketzerischer Gedanke auf. Die Jahrhunderte der größten Macht- und Prachtentfaltung der Stadt, als von Nürnberg im späten Mittelalter und in der frühen Neuzeit europaweite Strahlkraft ausging, decken sich auffällig genau mit der Ära des größten Weinkonsums. Ob es der Rebensaft war, der den Geist der Nürnberger beflügelte, sie zu ihren außergewöhnlichen Leistungen auf wirtschaftlichem und künstlerischem Gebiet inspirierte? Weitergehende Spekulationen über etwaige Verflechtungen zwischen Wein und Weltbürger bzw. Bier und Provinz seien Ihnen überlassen – wenn Sie möchten, begleitet von einem guten Glas, wahlweise weiß oder rot.

Zum Weiterlesen: Die Anmerkungen

Abkürzungen der häufiger zitierten Quellen und Literatur:

Ammann = Hektor Ammann: Die wirtschaftliche Stellung der Reichsstadt Nürnberg im Spätmittelalter, Nürnberg 1970

Bassermann-Jordan = Friedrich von Bassermann-Jordan: Geschichte des Weinbaus, 2. Aufl., Frankfurt am Main 1923

Chroniken Nürnberg = Die Chroniken der fränkischen Städte. Nürnberg, Bd. 4, Leipzig 1872

Dirlmeier: Alltag = Ulf Dirlmeier: Alltag, materielle Kultur, Lebensgewohnheiten im Spiegel spätmittelalterlicher und frühneuzeitlicher Abrechnungen, in: Mensch und Objekt im Mittelalter und in der frühen Neuzeit, Wien 1990

Dirlmeier: Untersuchungen = Ulf Dirlmeier: Untersuchungen zu Einkommensverhältnissen und Lebenshaltungskosten in oberdeutschen Städten des Mittelalters, Heidelberg 1978

Giessing = Carl Giessing Nürnberg, Nürnberg [ca. 1898] [Stadtbibliothek Nürnberg: Amb. 4222.8°].

Groenert = Walter Groenert: Die Entwicklung des Gaststättenrechts in der Freien Reichsstadt Nürnberg seit dem 14. Jahrhundert, Diss. Erlangen 1967

Gruner = Gerhard Gruner: Nürnberg in Jahreszahlen, Nürnberg 1999

Hans Sachs = Hans Sachs, hrsg. von Adelbert von Keller, Bd. 4, Tübingen 1870, Nachdr. Hildesheim 1964

Jegel = August Jegel: Ernährungsfürsorge des Altnürnberger Rates, in: MVGN 37 (1940), S. 73-199

Kamann = Johann Kamann: Aus Nürnberger Haushaltungs- und Rechnungsbüchern des 15. und 16. Jahrhunderts, in: MVGN 6 (1886), S. 57-122 und MVGN 7 (1887), S. 39-168

Knapp = Hermann Knapp: Das alte Nürnberger Kriminalrecht, Nürnberg 1896

Müller = Johannes Müller: Die Finanzpolitik des Nürnberger Rates in der zweiten Hälfte des 16. Jh., in: Vierteljahrschrift für Social- und Wirtschaftsgeschichte 7 (1909), S.1-63

MVGN = Mitteilungen des Vereins für Geschichte der Stadt Nürnberg

Nürnberger Polizeiordnungen = Nürnberger Polizeiordnungen aus dem 13. bis 15. Jahrhundert, hrsg. von Joseph Baader, Stuttgart 1884

Nürnberger Urkundenbuch = Nürnberger Urkundenbuch, Nürnberg 1959

Pferschy = Bettina Pferschy: Weinfälschung im Mittelalter, in: Fälschungen im Mittelalter, T. 5, Hannover 1988, S. 669-702

Pferschy-Maleczek = Bettina Pferschy-Maleczek: Weinfälschung und Weinbehandlung in Franken und Schwaben im Mittelalter, in: Weinwirtschaft im Mittelalter, hrsg. von Christhard Schrenk, Heilbronn 1997, S. 139-178

Quellen zur Handelsgeschichte = Quellen zur Handelsgeschichte der Stadt Nürnberg seit 1400, bearb. von Wilhelm Biebinger und Wilhelm Neukam, Bd. 1, H. 1. 1400-1405, Erlangen 1934

Roth = Johann Ferdinand Roth: Geschichte des nürnbergischen Handels, T. 1-4, Leipzig 1800-1802

Sander = Paul Sander: Die reichsstädtische Haushaltung Nürnbergs, Leipzig 1902

Satzungsbücher = Satzungsbücher und Satzungen der Reichsstadt Nürnberg aus dem 14. Jahrhundert, bearb. von Werner Schultheiß, Lfg. 1-2, Nürnberg 1965-1978

Scheler = Dieter Scheler: Die fränkische Vorgeschichte des ersten Reichsgesetzes gegen Weinverfälschung, in: Bericht des Historischen Vereins für die Pflege der Geschichte des ehemaligen Fürstbistums Bamberg 120 (1984), S. 489-504

Schenk = Winfried Schenk: 1200 Jahre Weinbau in Mainfranken, in: Mensch und Umwelt in Franken. Festschrift für Alfred Herold, Würzburg 1994, S. 179-201

Schultheiß = Werner Schultheiß: Brauwesen und Braurechte in Nürnberg bis zum Beginn des 19. Jahrhunderts, Nürnberg 1978

Sprandel = Rolf Sprandel: Von Malvasia bis Kötzschenbroda, Stuttgart 1998

Stadtlexikon = Stadtlexikon Nürnberg, hrsg. von Michael Diefenbacher und Rudolf Endres, 2. Aufl. Nürnberg 2000

StadtAN = Stadtarchiv Nürnberg

StAN = Staatsarchiv Nürnberg

Tucher = Anton Tuchers Haushaltsbuch, hrsg. von Wilhelm Loose, Stuttgart 1877

Verordnung (EWG) = Verordnung (EWG) Nr. 1601/91 des Rates zur Festlegung der allgemeinen Regeln für die Begriffsbestimmung, Bezeichnung und Aufmachung aromatisierter Getränke und aromatisierter weinhaltiger Cocktails. Vom 10. Juni 1991

Volk = Otto Volk: Weinbau und Weinabsatz im späten Mittelalter, in: Weinbau, Weinhandel und Weinkultur, Stuttgart 1995, S. 49-163

Waldau = Eduard Waldau [i.e. Julius Merz]: Genre-Bilder aus Nürnberg, Nürnberg 1837

Weber = Dieter Weber: Der Wein im Herbst des Mittelalters, Würzburg 1994

[1] Schenk, S. 179-201.
[2] Übersetzung der lateinischen Urkunde aus: Johannes Müllner: Die Annalen der Reichsstadt Nürnberg, T. 1, Nürnberg 1972, S. 166.
[3] Satzungsbücher, S. 304-305.
[4] Das Hausbuch der Mendelschen Zwölfbrüderstiftung zu Nürnberg, hrsg. von Wilhelm Treue, München 1965, Textbd., S. 154.
[5] Ernst Mummenhoff: Geschichtliches über Ackerbau und Gartenwirtschaft in Nürnbergs Umgebung, in: Aufsätze und Vorträge zur Nürnberger Ortsgeschichte, Nürnberg 1931, S. 1-92, hier S. 54-56.
[6] Gruner, S. 127.
[7] Harald Lebender: Der Burggarten in Nürnberg, Diplomarbeit FH Weihenstephan 1999, Bl. 17.
[8] Christian Conrad Nopitsch: Wegweiser für Fremde in Nürnberg, Nürnberg 1801, S. 188.
[9] StadtAN F 1, Nr. 42 (Neubauersche Chronik), Bl. 18v.
[10] Bernhard Weisensee: Winzers Freud – Winzers Leid, Würzburg 1982, S. 33-34.
[11] Hans Sachs, S. 249.
[12] Weber, S. 65-72.
[13] Jegel, S. 142.
[14] Statistisches Jahrbuch 2000 für die Bundesrepublik Deutschland, S. 555. – Statistisches Jahrbuch über Ernährung, Landwirtschaft und Forsten der Bundesrepublik Deutschland 1999.
[15] Dirlmeier: Untersuchungen, S. 317-328.
[16] Dirlmeier: Untersuchungen, S. 367-369.
[17] Weber, S. 75.
[18] Ulrich Knefelkamp: Sozialasyl und Reichsstadtkammer, Habil.-Schr. Bamberg 1987, Bl. 280.
[19] Ulrich Knefelkamp: Stiftungen und Haushaltsführung im Heilig-Geist-Spital in Nürnberg, Bamberg 1989, S. 19-32.
[20] Kamann, S. 57-122.
[21] Tucher
[22] Dirlmeier: Alltag, S. 159.
[23] Kamann, S. 39-168.
[24] Johann Kamann: Aus Paulus I. Briefwechsel, in: MVGN 3 (1881), S. 73-75.
[25] Bassermann-Jordan, S. 737-738. – Roth, T. 3, S. 252-253.
[26] Groenert, S. 51-53, nachfolgend S. 18-37.
[27] Satzungsbücher, S. 111-112.
[28] Satzungsbücher, S. 157.
[29] StadtAN B 31, Nr. 1, fol. 323f. Ordnung mit was mässen ... vom 8. Dezember 1551.
[30] Aus dem Wirtshaus zum Wilden Mann, Nürnberg 1984. – Frieser, Claudia: Zwei spätmittelalterliche Wirtshäuser in Nürnberg, Büchenbach 1999.
[31] Nürnberger Polizeiordnungen, S. 257-258.

[32] Werner Schultheiß: Die Einrichtung der Herrentrinkstube 1497/98 und deren Ordnung von 1561/97, in: MVGN 44 (1953), S. 275-285.
[33] Hironobu Sakuma: Zur Geschichte der Nürnberger Gesellschaft in der Frühneuzeit, in: Jahrbuch für fränkische Landesforschung 60 (2000), S. 263-282.
[34] Quellen zur Handelsgeschichte, Nr. 70, S. 64-65.
[35] StadtAN A 6, 1621 Sept. 27. – StadtAN B 15/II, Nr. 69.
[36] Waldau, S. 108-109.
[37] Friedrich Mayer: Nürnberg im neunzehnten Jahrhundert, Nürnberg 1843, S. 333.
[38] Waldau, S. 110.
[39] Helmut Beer: Grüße aus Nürnberg 4: Nürnberger Wirtshausgrüße, Nürnberg 1996, S. 76-80.
[40] Peter Luginsland: Das war'n halt noch Zeiten!, Bd. 2, Nürnberg 1967, S. 151-154.
[41] Wilhelm Schwemmer: Die Bürgerhäuser der Nürnberger Altstadt aus reichsstädtischer Zeit. Erhaltener Bestand der Lorenzer Seite, Nürnberg 1970, S. 61-63.
[42] Nürnberger Nachrichten vom 21.06.2001.
[43] Bassermann-Jordan, S. 1166-1181.
[44] Weber, S. 88.
[45] Die <Offenbarungen> der Katharina Tucher, hrsg. von Ulla Williams u.a., Tübingen 1998, S. 12
[46] Süddeutsche Zeitung 21.12.1999, S. V2,9.
[47] StadtAN F 1, Nr. 42 (Neubauersche Chronik), Bl. 120v.
[48] Bassermann-Jordan, S. 1177, Anm. 2.
[49] Bassermann-Jordan, S. 1184, Anm. 1.
[50] Knapp, S. 57-58.
[51] Satzungsbücher, S. 42-45. – Nürnberger Polizeiordnungen, S. 51-54.
[52] Bassermann-Jordan, S. 1171-1172.
[53] Weber, S. 87. Relikte davon finden sich – mancher wird sich schaudernd erinnern – bis heute in jugendlichen (Bier-)Saufwettbewerben.
[54] Grönert, S. 27.
[55] Hans Sachs, S. 237-243.
[56] Hans Sachs, S. 245-246.
[57] StadtAN A 6, 1645 Juni 14.
[58] zit. nach Jegel, S. 144.
[59] Stadtlexikon, Artikel „Weinkieser". – Ernst Mummenhoff: Studien zur Topographie und Geschichte der Nürnberger Rathäuser, in: MVGN 5 (1884), S. 178. – Johann Christian Siebenkees: Materialien zur Nürnbergischen Geschichte, Bd. 3, Nürnberg 1794, S. 253.
[60] Kunz Haß: Ein Lobgedicht auf Nürnberg aus dem Jahre 1490, von K. A. Barack, Nürnberg 1858, Vers 252-274.
[61] Nürnberger Polizeiordnungen, S. 251.
[62] Sander, S. 237-242.
[63] Satzungsbücher, S. 113-114.
[64] Stadtlexikon, Art. „Visierer".

[65] Detaillierte Beschreibungen der Visierkunst finden sich in: Ulrich Kern: Eyn new künstlichs wolgegründts Visierbuch, Straßburg 1531 und Heinrich Schreiber (Henricus Grammateus): Ayn new kunstlich Buech ..., Nürnberg 1518. Für die Herstellung der Visierrute s.a. Chroniken der fränkischen Städte, Nürnberg, Bd. 1, Leipzig 1862, S. 105-106.

[66] Volk, S. 152.

[67] Satzungsbücher, S. 112.

[68] Schultheiß, S. 145.

[69] Nürnberger Polizeiordnungen, S. 245.

[70] Müller, S. 13.

[71] Jegel, S. 145.

[72] StadtAN B 15, Nr. 2, enthält eine Zusammenstellung der Ratsverlässe aus dem 17. Jahrhundert, die sich mit Ungeldhinterziehung beschäftigen, v.a. S. 41-53; außerdem z.B. StadtAN B 15/II, Nr. 415 (Niederlagsordnung vom 4. September 1713)

[73] StadtAN A 6, 1691 Juni18.

[74] Die Angaben zu Steuer- und Haushaltssätzen folgen Sander, S. 755-882.

[75] Satzungsbücher, S. 310.

[76] Gruner, S. 67.

[77] Chroniken Nürnberg, S. 697.

[78] Müller, S. 12, 25-26 und 41. Die dort abgedruckte Tabelle ist fehlerhaft, die hier angegebenen Daten sind aus dem Text übernommen. - Vgl. auch Schultheiß, S. 141-145.

[79] Die hier errechneten Zahlenverhältnisse beziehen sich nicht auf die (theoretischen) Gesamteinnahmen der Stadt, sondern auf die bei Sander so genannten wirklichen Einnahmen.

[80] Gruner, S. 119.

[81] StadtAN B 15, Nr. 21, Bl. 107-108.

[82] In fl umgerechnete Werte aus StAN, Reichsstadt Nürnberg, Stadtrechnungen, Nr. 20-22, 24-26 (=Film Nr. S 751) bzw. Rep. 54, Nr. 207-208.

[83] Johannes Müllner: Die Annalen der Reichsstadt Nürnberg von 1623, T. III (in Vorbereitung) – vgl. auch Bassermann-Jordan, S. 973.

[84] StAN, Reichsstadt Nürnberg, Stadtrechnungen, Rep. 54, Nr. 290-292.

[85] StAN, Reichsstadt Nürnberg, Stadtrechnungen, Rep. 54, Nr. 211-214.

[86] Helmut Weigel: Franken im Dreißigjährigen Krieg, in: Zeitschrift für bayerische Landesgeschichte 5 (1932), S. 1-50 und 193-218.

[87] StAN, Reichsstadt Nürnberg, Stadtrechnungen, Rep. 54, Nr. 293-299.

[88] StAN Nürnberger Stadtrechnungen, Rep. 54, Nr. 293-299.

[89] Sigmund von Birken: Die Fried-erfreuete Teutonie / von Sigismundo Betulio, Nürnberg 1652, S. 68-69.

[90] Das Nürnberger Friedensmahl am 25. September 1649, in: MVGN 75 (1988), S. 83.

[91] Eine vergleichbare Berechnung nimmt auch Schultheiß vor. Das Ergebnis steht und fällt jeweils mit den angenommenen Ungeldsteuersätzen. Schultheiß nimmt anfangs ein Weinungeld von 8 fl zur Grundlage. Die von mir herangezogene und zitierte Literatur einschließlich der Städtechronik nennt aber übereinstimmen einen bis 1540 stabilen Satz von 6 fl.; die Progression im Lauf des 16.Jahrhunderts berücksichtigt Schultheiß dagegen

nicht. Außerdem überschätzt er m. E. die Rolle des Süßweins. Als Bierungeld zieht Schultheiß dagegen bis 1600 nur den Satz für einheimisches Bier heran, nicht aber die höheren Sätze für Weiß- und Fremdbier. Im Ergebnis kommt er deshalb auf insgesamt höhere Verbrauchsmengen bei einem geringeren Wein- und einem höheren Bieranteil.

[92] Stadtlexikon, Art. „Markgrafenkriege", S. 671.

[93] StAN, Reichsstadt Nürnberg, Stadtrechnungsbelege Rep. 54a/II, Nr. 840-841. - Für fremdes und aus dem Landgebiet stammendes Bier wurde ein Schätzwert von 0,7 fl/Eimer zugrunde gelegt, bei hiesigem roten und weißen Bier waren jeweils 0,25 fl aufgeschlagen.

[94] Schultheiß, S. 146.

[95] Die Zahlen bis 1676 beruhen auf eigenen Berechnungen, ab 1700 sind die Angaben von Schultheiß, S. 146 übernommen.

[96] Stadtlexikon, Artikel „Bevölkerungsentwicklung", S. 142.

[97] Satzungsbücher, S. 310-311.

[98] Nürnberger Urkundenbuch, Nr. 414.

[99] Georg Wolfgang Karl Lochner (Hrsg.): Der Spruch von Nürnberg, beschreibendes Gedicht des Hans Rosenplüt, Nürnberg 1854, Z. 293-296.

[100] Weinmarkt und St. Sebaldskirchhof, in: MVGN 7 (1988), S. 276. - Roth, T. 3, S. 250.

[101] Roth, T. 4, S. 358.

[102] StadtAN B 31, Nr. 1, fol. 329a Ordnung wie hinfuro alle Wein am Weinmarckt gestellt werden sollen vom 7. Februar 1560.

[103] Satzungsbücher, S. 46, 109-110, 115, 117 und 310-312.

[104] Nürnberger Polizeiordnungen, S. 243 und 247.

[105] Jegel, S. 147.

[106] Roth, T. 3, Leipzig 1801, S. 250.

[107] Karl Kohn: Historische und bauliche Bemerkungen zum sog. Leistenkeller (früher Herrenkeller) am Weinmarkt, in: MVGN 55 (1967/68), S. 332-336.

[108] Städtischer Mautkeller in der Mauthalle zu Nürnberg, Hallplatz 2, Nürnberg 1929, S. 4-6.

[109] StAN, Reichsstadt Nürnberg, Stadtrechnungsbelege, Rep 54a/I, Nr. 1107.

[110] Georg Wolfgang Karl Lochner: Die Sondersiechen in Nürnberg, ihr Almosen und ihre Schau, in: Staatsarzneikunde, 1861, H. 4, S. 177-252, hier S. 222-224.

[111] StadtAN B 31, Nr. 1, fol. 310-311 = Weinniederlagsordnung vom 6. September 1566.

[112] Stadtlexikon, Art. Niederlagamt, S. 743.

[113] StadtAN A 6, 1637 Dez. 19.

[114] StadtAN B 15/I, Bl. 219-220. – StadtAN A 6, 1567 März 11.

[115] Ammann, S, 20. – Vgl. Nürnberger Urkundenbuch, Nr. 249.

[116] Helmut Baier (Bearb.): Urbar des Klosters St. Egidien in Nürnberg 1487 – 1522, Neustadt/Aisch 1982, S. 179.

[117] Michael Diefenbacher: Das älteste Urbar des Nürnberger Heilig-Geist-Spitals, Nürnberg 1991, S. 38.

[118] Ammann, S. 25.
[119] Eugen Nübling: Ulm's Weinhandel im Mittelalter, Ulm 1893, S. 9-13.
[120] Unterfränkische Geschichte, hrsg. von Peter Kolb u.a., Bd. 2, Würzburg 1992, S. 44, 49-50, 426-428.
[121] Hermann Hoffmann: Würzburgs Handel und Gewerbe im Mittelalter, Diss. Würzburg 1938, S. 115-120.
[122] Sprandel, S. 33, 62, 72.
[123] Bassermann-Jordan, S. 128.
[124] Michael Rothmann: Die Frankfurter Messe als Weinhandelsplatz im Mittelalter, in: Weinbau zwischen Maas und Rhein in der Antike und im Mittelalter, hrsg. von Michael Matheus, Mainz 1997, S. 372.
[125] Ammann, S. 124.
[126] Ammann, S. 144. – Medard Barth: Der Rebbau des Elsass und die Absatzgebiete seiner Weine, Bd. 1, Strasbourg u.a. 1958, S. 380.
[127] Emil Reicke: Geschichte der Reichsstadt Nürnberg, Nürnberg 1896, S. 550.
[128] Chroniken Nürnberg, S. 151-152.
[129] Henry Simonsfeld: Der Fondaco dei Tedeschi in Venedig und die deutsch-venetianischen Handelsbeziehungen, Stuttgart 1887.
[130] Ammann, S. 175.
[131] Rainer Pollack/Claudia Weineisen: Im Land der Schürfer und Säumer, in: Panorama: Mitteilungen des Deutschen Alpenvereins 51 (1999), Nr. 6, S. 41-42.
[132] Sprandel, S. 61-65.
[133] Hans Hartmeyer: Der Weinhandel im Gebiete der Hanse im Mittelalter, Jena 1905, S. 76-77.
[134] Jegel, S. 146.
[135] Wilhelm Bonacker: Der Erdglobus von Johannes Schöner aus dem Jahre 1520, in: MVGN 51 (1962), S. 441.
[136] Lambert F. Peters: Der Handel Nürnbergs am Anfang des Dreißigjährigen Krieges, Stuttgart 1994, S. 190, 221, 319.
[137] Roth, T. 3, S.253-254.
[138] StadtAN C 7/II, Nr. 6060.
[139] Ev. Dekanat Kitzingen, Taufregister 1791-1811, S. 139.
[140] Giessing.
[141] StadtAN C 7/VIII, Nr. 4614 und 4618.
[142] Registergericht Nürnberg, Gesellschafts- und Firmenregister
[143] StadtAN C 22/II, 29, Nr. 403 und 44, Nr. 201.
[144] StadtAN C 22/II, 45, Nr. 916.
[145] StadtAN F 2, Nr. 22.
[146] Alles über Wein 16 (1998), 5, S. 30-32 sowie 18 (2000), 2, S. 6 und 16.
[147] K&U-Programm 2000, S. 6.

[148] Hartmann Schedel: Weltchronik, Faks.-Druck nach dem Orig. von 1493, Lindau [1988], S. XXVIIIv.
[149] Handbuch für Weinhändler, hrsg. von J. F. P., Berlin 1788, S. 145.
[150] Sprandel, S. 25-28.
[151] Ammann, S. 190.
[152] Albrecht Kircher: Deutsche Kaiser in Nürnberg, Nürnberg 1955, z. B. S. 127 und 147.
[153] StAN, Reichsstadt Nürnberg, Ämterrechnungen, Rep 53, Nr. 1-8 sowie Stadtrechnungsbelege Rep. 54a/I, Nr. 662a, Rep. 54a/II, Nr. 308 und 354.
[154] StAN, Reichsstadt Nürnberg, Stadtrechnungsbelege, Rep. 54a/II, Nr. 939.
[155] Sprandel, S. 38-39. – Satzungsbücher, S. 155. – Volk, S. 104-105.
[156] Bassermann-Jordan, S. 396 bzw. 385-386.
[157] Schenk, S. 188-189.
[158] Johann Chr. Schedel: Neues und vollständiges Handbuch für Weinhändler, Kommissionaire, Speditörs und alle Weinliebhaber überhaupt ..., Leipzig 1790, S. 225-230.
[159] zitiert nach: Theodor Häußler: Der Baierwein, Amberg 2001, S. 96-97.
[160] Josef B. Kittel: Das Buch vom Frankenwein, 2. Aufl., Würzburg 1925, S. 125.
[161] Pferschy.
[162] Nürnberger Polizeiordnungen, S. 250.
[163] Bassermann-Jordan, S. 468.
[164] Bassermann-Jordan, S. 624.
[165] Roth, T. 4, S. 242.
[166] Gerhard Eis: Gottfrieds Pelzbuch, Brünn u.a. 1944.
[167] Pferschy-Maleczek, S. 146.
[168] Satzungsbücher, S. 47 und 110f.
[169] Satzungsbücher, S. 221.
[170] Satzungsbücher, S. 307. – Eine eindeutige Begriffsbestimmung von laym ist nicht möglich. Sowohl Lehm als auch Leim wurden als Klärungsmittel verwendet, Knochenleim darf als Vorläufer der heutigen Gelatineschönung betrachtet werden.
[171] Nürnberger Polizeiordnungen, S. 204 und 258.
[172] StadtAN A 6, 1566 Juni 20.
[173] Bassermann-Jordan, S. 437-438.
[174] Nürnberger Polizeiordnungen, S. 264.
[175] Nürnberger Polizeiordnungen, S. 260-263, um 1465 zu datieren.
[176] Helmut Hochrain: dtv-Lexikon des deutschen Weins, München 1978, S. 147.
[177] Nürnberger Polizeiordnungen, S. 259.
[178] Sander, S. 581.
[179] Scheler, S. 492.
[180] Scheler, S. 501-502.
[181] Scheler, S. 493.
[182] Pferschy-Maleczek, S. 170-174.

[183] Deutsche Reichstagsakten / Mittlere Reihe, Bd. 6, Unter Maximilian I., bearb. von Heinz Gollwitzer, Göttingen 1979, Nr. 103, S. 705-708.
[184] Roth, T. 4, S. 244-245.
[185] Hans Folz: Gedichte vom Hausrat aus dem 15. und 16.Jahrhundert, hrsg. von Theodor Hampe, 1899
[186] Nürnberger Polizeiordnungen, S. 245.
[187] Satzungsbücher, S. 111 und 269. - Nürnberger Polizeiordnungen, S. 204 und 261.
[188] Nürnberger Polizeiordnungen, S. 261 und 256.
[189] Pferschy-Maleczek, S. 162-163.
[190] Hans Sachs, Bd. 4, S. 249.
[191] Übers. aus Bernhard Hartmann: Konrad Celtis in Nürnberg, in: MVGN 8 (1889), S. 41.
[192] Chroniken Nürnberg, S. 637.
[193] Zum juristischen Problemkreis allgemein s. Gerhard Rösch: Wein und Weinhandel in städtischen Rechtstexten des Spätmittelalters, in: Stadt und Wein, hrsg. von Ferdinand Opll, Linz 1996, S. 193-206.
[194] Roth, T. 3, S. 242-246. – Jegel, S. 144. – Knapp, S. 256.
[195] Satzungsbücher, Bd. 1, S. 155.
[196] Quellen zur Handelsgeschichte, Nr. 35, 60, 92, 121, 130, 143.
[197] Sander, S. 917-918.
[198] Dirlmeier: Untersuchungen, S. 174, 212, 328.
[199] Endres Tucher: Baumeisterbuch der Stadt Nürnberg (1464-1475), Stuttgart 1862, S. 125.
[200] Zitiert nach: Weinkultur, Graz 1990, Bd. 1, S. 350f.
[201] Sander, S. 918-919.
[202] Sander, S. 752.
[203] Heinrich Pfister: Handbuch der vorzüglichsten Denk- und Merkwürdigkeiten der Stadt Nürnberg, 2. Aufl., Bd. 2, Nürnberg 1842, S. 74.
[204] Jegel, S. 146.
[205] StAN, Reichsstadt Nürnberg, Stadtrechnungsbelege, Rep. 54a/I, Nr. 443.
[206] Fritz Schnelbögl: Ein Ratsmahl mit Dürer 1527, in: MVGN 47 (1956), S. 446-451.
[207] StAN, Reichsstadt Nürnberg, Stadtrechnungsbelege, Rep. 54a/I, Nr. 1522.
[208] Kamann.
[209] Tucher.
[210] Dirlmeier: Alltag, S. 159.
[211] Bassermann-Jordan, S. 391-394.
[212] StAN, Reichsstadt Nürnberg, Stadtrechnungsbelege, Rep. 54a/II, Nr. 939.
[213] Roth, T. 1, S. 32-33.
[214] Johannes Müller: Geleitswesen und Güterverkehr zwischen Nürnberg und Frankfurt a.M. im 15. Jahrhundert, in: Vierteljahrschrift für Social- und Wirtschaftsgeschichte 5 (1907), S. 173-196 und 361-400, hier: S. 390-393. Die dort angeführte Summe der Transportkosten ist falsch addiert, sie wurde stillschweigend korrigiert.

[215] Giessing.
[216] Georg Schreiber: Deutsche Weingeschichte, Köln 1980, S. 423-434.
[217] Johann Christian Siebenkees: Materialien zur nürnbergischen Geschichte, Bd. 3, Nürnberg 1794, S. 47-50. – Johann Ferdinand Roth: Nürnbergisches Taschenbuch, Bd. 1, Nürnberg 1812, S. 233-236.
[218] Cäsar Max Heigel: Skizzen aus dem Nürnberger Leben, Nürnberg 1832, S. 30.
[219] Deutsches Wörterbuch / von Jacob und Wilhelm Grimm, Bd. 4, 1, 5, Leipzig 1958, S. 466, Art. Glühwein
[220] Verordnung (EWG).
[221] StadtAN C 7/VIII, Nr. 6667.
[222] StadtAN C 57, Nr. 26: Gefa Stand 123, Pfefferlein 144.
[223] StadtAN C 57, Nr. 49.
[224] StadtAN C 57, Nr. 27: Gefa Stand 124, Pfefferlein 142, Probst & Schäfer 106, Vollrath 152.
[225] StadtAN C 57, Nr. 26.
[226] 75 Jahre E. Vollrath & Co. A.-G. Nürnberg 1855-1930, Nürnberg 1930.
[227] StadtAN, Personenkartei.
[228] StadtAN C 22/II, 1933, Nr. 1012 und 2205.
[229] Stadtarchiv Fürth, Gewerbeanmeldung Gerstacker, Friedrich 1945.
[230] Landgericht Nürnberg-Fürth, 1 HK O 6516/82.
[231] Landgericht Nürnberg-Fürth, Urteil vom 29.06.1984, 1 HK O 1060/84.
[232] Verordnung (EWG), Anhang II.
[233] Johannes Aventinus: Baierische Chronik, hrsg. von Georg Leidinger, Neuausg. 1988, S. 58.

Währungssystem:

Zwischen 1250 und 1396 galt die Relation 1 Nürnberger Pfund (lb) = 20 Schillinge (ß) = 120 Pfennige (dn) = 240 Heller (hlr). Die Reform von 1396 brachte einen Währungsschnitt: 1 lb (neu) = 4 lb (alt) = 20 ß = 120 dn = 240 hlr. Nur das Losungsamt verwendete allerdings das neue lb, die meisten Buchführer blieben beim alten lb: 1lb (alt) = 5 ß = 30 dn = 60 hlr. Im 15. Jahrhundert etablierte sich als Verrechnungseinheit der Rechengulden (fl): 1 fl = 8 lb (alt), 12 dn = 252 dn. Seit dem 16. Jahrhundert wurde der Kreuzer (x) integriert: 1 x = 4 dn. Das umständliche Nürnberger System vereinfachte sich durch ihn: 1 fl = 8 lb = 60 x = 240 dn.
(nach: Stadtlexikon Nürnberg, Art. Rechnungsgeld)

Flüssigkeitsmaße:

1 Fuder = 12 Eimer = 32 Viertel (34 Schenkviertel) = 64 Visiermaß (68 Schenkmaß) = 128 Seidel (136 Schenkseidel) = 256 Schoppen
Ungefähre Umrechnung in Liter:
1 Fuder = 884 l; 1 Eimer = 73,7 l; 1 Visiermaß = 1,151 l; 1 Schenkmaß = 1,084 l
(nach: Stadtlexikon Nürnberg, Anhang 21)

Abbildungsnachweis:

Stadtarchiv Nürnberg: S. 10; 12; 13; 21; 29; 30; 31; 37; 40; 42; 72; 79; 84; 114.
Graphische Sammlungen Nürnberg: 57; 67; 69; 76; 101.
Stadtbibliothek Nürnberg: 14; 16; 23; 48; 98; 112; 121; 123.
Staatsarchiv Nürnberg: 65.
Germanisches Nationalmuseum Nürnberg: 25; 41; 46.
Stadtarchiv Würzburg, Ratsbuch 412/fol. 331r: S. 73; fol. 338v.: S. 107.
Foto Bischof & Broel: 118.
Bestand Uwe von Poblocki: 81; 86.
Weinhaus Steichele: 35; 113.
Weinkellerei Gefa: 131.
Weinkellerei Gerstacker: 32; 124; 128.

Dank

Ohne vielfältige Unterstützung würde kaum ein Buch das Licht der Öffentlichkeit erblicken. Zu danken habe ich dem Staatsarchiv und Stadtarchiv Nürnberg, der Stadtbibliothek Nürnberg sowie der Universitätsbibliothek Erlangen für stets freundliche und hilfsbereite Bereitstellung von Quellen und Literatur.

Bekanntlich findet sich nicht alle Weisheit zwischen Bücher- und Aktendeckeln. So ist es mir nicht nur angenehme Pflicht, sondern Anliegen, denjenigen zu danken, die wertvolle Informationen und Hinweise beigetragen haben: Doris Badel (Stadtarchiv Kitzingen), Claudia Blokesch, Herbert Dürsch, Gerhard und Hans F. Gerstacker, Emmi Kaufmann, Martin Kössler, Georg und Michael Steichele sowie der Enkelin von Carl Giessing jun., Charlotte Troelltsch (Freystadt).

Die Mühe des Korrekturlesens nahmen Angelika Schlecht und Dr. Horst-Dieter Beyerstedt auf sich. Für Eure Akribie und die zahlreichen Verbesserungsvorschläge, die der Lesbarkeit zugute kamen, besten Dank. Große Anerkennung gebührt dem Spätlese Verlag für die Bereitschaft, das Buch herauszubringen und darüber hinaus bibliophil (mithin kostspielig) auszustatten. Bei dem Verleger-Ehepaar Hofmann stieß ich auf ein Maß an Engagement, Sachkenntnis und peniblem Lektorat, wie es im heutigen Literaturbetrieb kaum mehr anzutreffen sein dürfte.

Die Drucklegung finanziell gefördert haben die Kost-Pocher'sche Stiftung, die Weinkellerei Gerstacker und die mittelfränkische Stiftung Kultur, Natur, Struktur. Herzlichen Dank!

Roman und Valentin, die einige Wochenenden auf ihren Vater verzichten mussten, danke ich für ihr Verständnis und die aufgebrachte Geduld. Ihnen und meiner Frau Edeltraud, die das Projekt stets aufmerksam begleitet, unterstützt und ermuntert hat, sei das Buch zugeeignet.

Walter Gebhardt

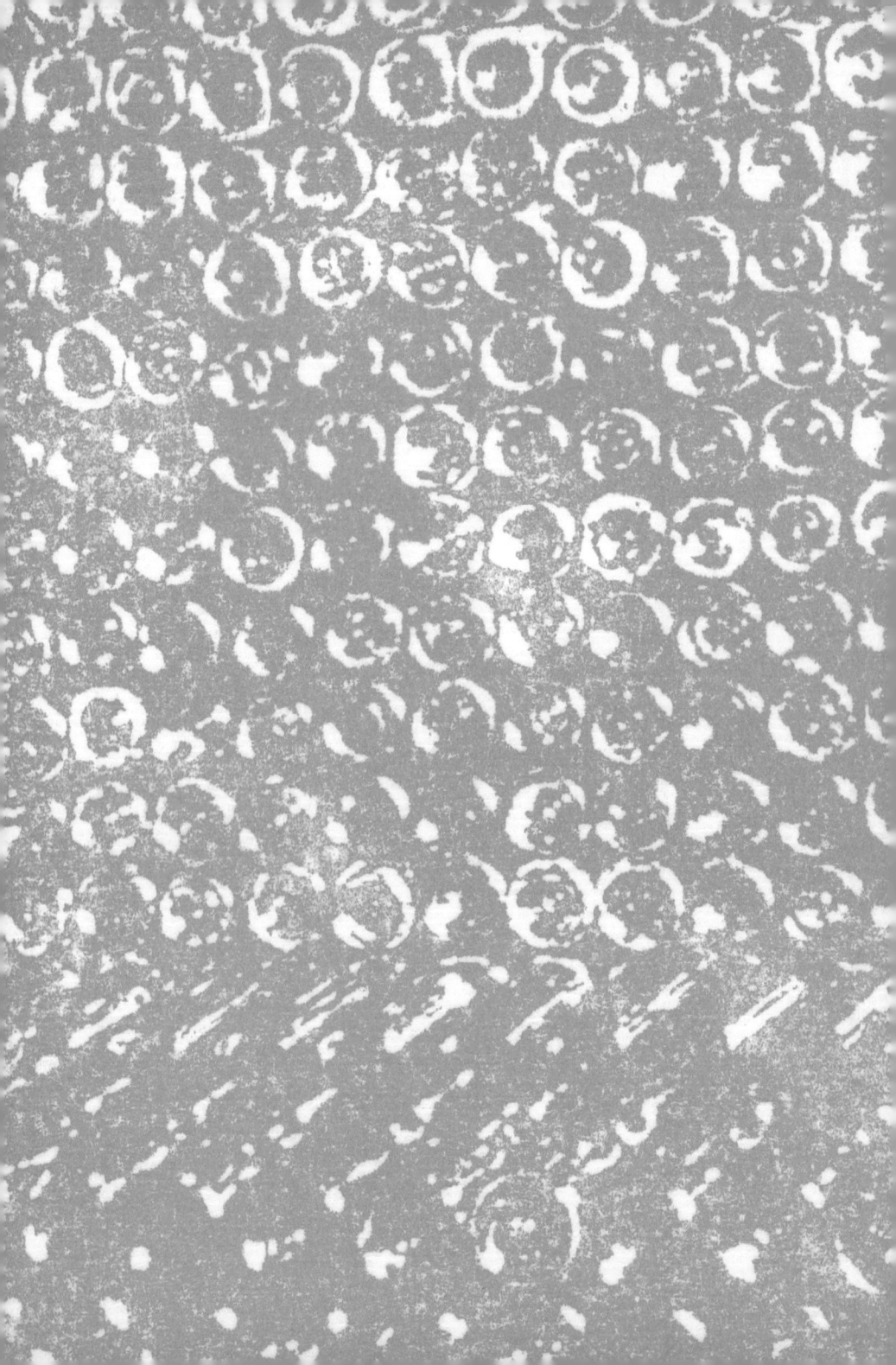